人際交往心理學

全方位

在這個社會，

如果你有用，就別怕被利用！

前言

在生活中你敢不敢說「我是第一」呢？回答這個問題並不困難。如果你是一個渴望成功的人，並且意識到以自信為中心是成功的基礎的人，請回答：「當然，我就是第一。」為什麼一定要是第一呢？因為你本來就是第一。至少，你要在意識中播種爭第一的信心，這樣，你才會真正成熟。

不要總是過多地關注自己不利和消極的一面，而應看到有利和積極的一面。這就要求我們客觀地分析對自己有利和不利的因素，尤其要看到自己的長處和潛力，正確地認識自己，瞭解自己在現實生活中所扮演的角色；挖掘自身的潛力，確立將來要達到的目標，並且為這個目標而努力。切記：要別人看得起自己，先要自己看得起自己。

一個人要人緣好，要受人歡迎，一定要養成欣賞自己與肯定自己的能力。一個看到自己優點的人，才會看到他人的可取之處。能用積極的態度看待他人，往往是良好人際關係的必備條件。所以，從現在起，學習欣賞自己的優點和長處吧！

CHAPTER 1 精明生存的借勢心理學

「寄生」於人，成長加速／8
讓貴人扶你平步青雲／10
借能人之力為自己辦好棘手之事／13
利用別人的風頭，可讓自己大出風頭／16
乾坤大挪移，化人之力為我所用／19
雞鳴狗盜，小人物也能救命／22
以靜制動，讓益友充當自己的鏡子／25
得人心者得天下：以寬容仁德大展宏圖／28
製造輿論，壯大你的聲勢／31
罵名也有用，搭上逆勢中的便車／34

CHAPTER 2 靈活借勢的公關心理學

平時冷廟燒香，急時才能抱佛腳／38
誠信是一種有持續性回報的投資／40
給他人一個頭銜，讓他鼎力相助／43
狐假虎威，藉對手之威為我造勢／46
利用對方計策達到自己的目的／49
把蝦米聯合起來，就能吃掉大魚／52
用利益驅動別人為己所用／55

CHAPTER 3 謀求共贏的博弈心理學

羅斯柴爾德的成功祕訣：躋身上流社會／60
蘋果先從好的吃起，降低選擇的「機會成本」／62
不會表忠心，皇帝殺重臣／65
佔便宜吃大虧，不用錢的最貴／69
老虎怕毛驢，假訊息迷惑真敵人／71
未卜先知，算命先生的策略欺騙／74
檸檬市場：劣幣驅逐良幣／78
螃蟹為什麼爬不出簍子／82
利己與利他的悖論／85
分蛋糕博弈：不患貧而患不公／88

CHAPTER 4 博得認同感的身價心理學

老王賣瓜，自賣自誇／92
為魅力加點磁性，吸引更多的人／95
在名片上下工夫，誰都會對你印象深刻／98
在重要場合曝光，讓更多人認識你／101
製造一些神祕感，引起他人注意／104
「裝腔作勢」術：強者就要有強者的氣派／107
「兩高定義」術：用「兩高」給自己下定義／111
兩「最」追求術：最出色最完美，你最具競爭力／114
人格修煉術：要優秀，就得在人格上勝人一籌／117
主動迎戰術：讓你的優秀在對比中凸顯出來／120

CHAPTER 5 展現你值得信賴的態度心理學

用謙虛的話和別人打交道／126
上司私事是不能說的祕密／129
用你的「雙耳」去說服他人／133
每天向周圍的人問聲「早安」／137
喚醒沉睡的自信／140
時刻告訴自己「我是第一」／145
積極是永不服老的「年輕態度」／150
積極自我暗示，重塑成功形象／154
人生需要一種豁達／158

CHAPTER 6 先禮後兵的商業心理學

沒有好人緣等於把自己逼入「死胡同」／162
聚財先聚人，人脈就是財脈／165
交人交心，人情投資要果斷／168
結交「實力人物」的身邊人／171
學會透過中間人迅速擴充你的人脈／174
經營人情，不要忽視身邊的小人物／177
注意維護人情的生態平衡／180
如果你有用，就別怕自己被利用／183

CHAPTER 7 贏家通吃的商場掌控心理學

正面難入手時，就從側面出擊／188
施計弄巧，無條件時創造條件／191
臨危不亂，以「詐」贏得生機／195
發現對方縫隙趕快下手，讓其不攻自破／198
連橫合眾，將天下資源為我所用／201
如果有必要就利用一些誘餌／204
設立共同目標，迅速拉近距離／207
無事也要常登「三寶殿」／210
放長線，釣大魚／213

CHAPTER 8 謀取優勢的談判心理學

熱臉貼冷臉，關係改善並不難／218
不要做你自己無法勝任的事／221
向對方發出調整的指令，然後保持沉默／224
「訥者」卻是最傑出的談判家／228
讓「沉錨效應」助你成功／232
打破思維定勢，不做經驗的奴隸／236
釜底抽薪，直逼要害／240
單刀直入，開門見山／243
下達「最後通牒」，讓他不得不屈服／246
「最後期限」也是一種最後通牒／250

CHAPTER 1

精明生存的借勢心理學

「寄生」於人，成長加速

作為「寄生者」的你與你想投靠的寄主，雙方地位是不平等的，要想成功地「寄生」，你必須要讓對方明白允許你「寄生」是值得的。事實也是如此，很多成功的人都從他的「寄生者」身上得到了很多好處。

提起「寄生者」，很多人會感覺很不舒服，因為它讓我們聯想到許多糟糕的東西，如寄生在我們身體之中、吸食我們的養分並使我們生病的那些小生物，就像蛔蟲、鉤蟲之類。

「寄生者」意味著「不勞而獲」和「損人利己」，我們也常常稱那些不肯付出努力而混吃混喝的人叫做「寄生蟲」。但是，也許你不知道在自然界中，借助外在力量獲取利益的例子比比皆是。鯊魚的身邊總是游著幾條靈巧的小魚，牠們靠撿拾鯊魚獵食的殘餘為生；海鷗喜歡尾隨軍艦，因為軍艦的排水可以使海裡的小生物浮上水面，成為牠們的食物；在叢林中，很多藤蘿植物是靠依附在參天大樹上得以享受陽光的。

在這個「巨獸」橫行的時代，做一個「寄生者」是很不錯的選擇。畢竟大樹底下好乘涼。想要做事，先要立身；想要做大事，先要立穩身。有了「大樹」作為依傍，不僅根基穩固，辦起事來別人也會「不看僧面看佛面」了。

如果你還不具備成功所需的卓越能力，如果你艱苦卓絕的毅力和征服一切的膽識尚且不夠，那麼要想成為傑出人士的話，就應該好好地考慮一下，下一步該怎麼走？寄生於人，不是一種恥辱，而是一種智慧。從別人的身上吸取自己需要的能量，既省去了到處「覓食」的艱辛，也令自己成長的過程加快了很多。

☆ 現在，你不妨去尋找一棵生命中的「大樹」，做一個暫時的「寄生者」，才能從借力中受益。

讓貴人扶你平步青雲

常言道：「七分努力，三分機運。」很多時候，機運對我們成功來說太重要了，它可以縮短你的奮鬥時間，讓你事半功倍。相信，你一定想知道這些機運來自何方？其實，想得到這些機運，就需要我們積極主動地攀附身邊的貴人——那些能夠提攜、幫助我們的人。

每個人的身上，都有著走向成功的條件，而如何使這些條件發揮出來，卻由你身邊無數的貴人所控制。你接受了貴人的幫助，就好比一粒種子投入一塊適合自己生長的土壤，充分得到土壤的滋養。從這個意義上講，你的命運操縱在貴人的手中。

這些貴人，由於與眾不同，一般都有著很強的個性，特別是一些地位比你低的貴人，他們不會輕易屈尊人下，因此，要想得到貴人的幫助，你必須放下身分和面子，用真情感動貴人。

大衛．史華茲年輕的時候和一個朋友合夥，用七千五百美元開了一家小小的服裝公司。史華茲將全部精力都投入到了這家服裝公司，在他的出色經營下，公司發展得很快，生意相當不錯。

但不久，史華茲發現了問題。他認為，公司老是做與別人一樣的衣服是沒有出路的，必須要有一個優秀的設計師，能設計出別人沒有的新產品，才能在服裝業中出人頭地。然而，這樣的設計師到哪兒去找呢？

一天，他外出辦事，發現一位少婦身上的藍色時裝十分新穎別致。經歷了一些周折，史華茲瞭解到這套衣服是她丈夫杜敏夫設計的。於是，他有了聘請杜敏夫當自己公司設計師的念頭。然而，當史華茲登門拜訪時，杜敏夫卻閉門不見，令史華茲十分難堪。但他知道，一般有才華的人難免會有些傲氣，只有用誠心才能去感化他。所以他並不氣餒，接二連三地走訪杜敏夫的家，三番五次地要求見面。他這種求賢若渴的態度，終於使杜敏夫為之動容，接受了史華茲的聘請。

杜敏夫果然身手不凡，他向史華茲建議採用當時最新的衣料——人造絲來製作服裝，並且設計出了好幾種頗受歡迎的款式。

史華茲是第一個採用人造絲來做衣料的人。由於造價低，而且搶先別人一步，盡占風光，公司的業務蒸蒸日上，在不到十年的時間裡，就成為服裝行業的「大哥大」。

杜敏夫就是史華茲的貴人，如果沒有他的幫忙，史華茲公司的發展就要大打折扣。但是，在他們的合作中起決定作用的是史華茲的真誠和耐心。他面對拒絕毫不氣餒，敢於放下面子，以堂堂老闆的身分三番五次地請求接見，這樣才得以獲得貴人的幫助取得事業的成功。不過，攀附關係不是生拉硬套，要循循善誘、順理成章、委婉自如，讓他們感受到雖是不經意地提起，卻一語中的，牽動著貴人的舊情，甚至讓他們陷於舊情舊事的沉湎之中。如果能把與貴人的關係攀附到這種狀態，還何愁貴人對你托辦的事情冷眼旁觀呢？

不過，在眾目睽睽之下是不便與別人攀附關係的，因為絕大多數人不情願公開自己的身世和社會關係。所以，與貴人拉關係最好是在背後與貴人扯家常、聊天的時候，或者在酒桌上小酌、在茶餘飯後散步的時候，或者在貴人情緒好而且還具有拉關係興頭的時候，這樣最容易切中貴人的心意，讓他買你的帳。

> ☆ 請時刻牢記：貴人的引薦和提拔是你成功強有力的敲門磚，能夠為你贏得更多的機會和廣闊的舞臺。與其任憑自己的單薄力量「白手起家」，不如借助貴人的光彩與熱量，為自己鋪就一條平坦的通道。

借能人之力為自己辦好棘手之事

事情有難易之分，面對易如反掌的事情，我們總是能輕鬆解決，但當面前的問題很棘手時，就不妨將問題拋出去，讓能人去解決。

唐肅宗時，李輔國是宮中一名大宦官。至德元年（七五六年），肅宗在靈武稱帝後，李輔國官拜行軍司馬。凡是肅宗的起居出行、詔令發佈等內外大事，都委任李輔國處理。唐肅宗打敗安祿山，收回京城後，李輔國在銀台門主持恢復京城的事，並負責掌管禁兵，一時權傾朝野，人人都不敢小看他。上元二年（七六一年）八月，又加給李輔國兵部尚書一職。

可是李輔國仍然不滿足，恃功向唐肅宗要官，請求做宰相。唐肅宗對李輔國這種咄咄逼人、明目張膽要官的做法非常反感，同時，對他的權力過重也有所警惕。因此，唐肅宗並不想把宰相的權力交給他。不過，李輔國對唐朝宗室有功，唐肅宗不想當面得罪他，於是，就對李輔國說：「按照你為國家所建立的功勳，什麼不能做？可是，你在朝廷中的威望還不夠，這怎麼辦呢？」

李輔國聽了唐肅宗的話以後，就讓僕射、裴冕等人上表推薦自己。唐肅宗知道李輔國在請人上表，十分擔心，就悄悄把宰相蕭華找來說：「李輔國想做宰相，我並不打算讓他做。聽說你們想上表推薦他，真的嗎？」

蕭華沒有做聲，但心裡已經明白了，出宮以後找到裴冕，徵求他的意見。裴冕說：「當初我並沒有打算上表推薦李輔國宰相，是他自己來找我的。現在我知道了皇上的真實意圖，請皇上放心，我寧死也不會上表推薦李輔國為宰相的。」

蕭華又進宮向唐肅宗奏明他們的意見，肅宗非常高興。後來，李輔國始終沒能當上宰相。

有句諺語說「把燙手山芋丟出去」，其中燙手山芋指的就是忽然遇到的問題與困難。就如同前面故事中的唐肅宗一樣，他們都非常巧妙地將問題擋了出去，讓別人為自己的問題苦惱，使其處於兩難的境地，自己則享受沒有煩惱的樂趣。唐肅宗則是將問題推給了下屬，借他們的力量來限制李輔國。

有的問題在發生當時就應該很快反應，否則稍有停頓便會燙到自己的手。事後步步埋怨自己沒有抓住稍縱即逝的機會作適當的反應，也沒有用了。

所以，儘管燙手的山芋人人都不想接，但如果它不幸落到我們自己這裡的話，那最好的辦法就是將它丟出去，扔給那些有能力的人去解決。不過，燙手山芋丟出去還要有技巧，要丟得不慍不火，小心別燙到了對方，傷了感情。這裡面就有個「分寸」的問題，既要讓對方能在臉面上過得去，又要讓自己擺脫困境。高明的人不僅能使丟出去的燙手山芋不會砸到別人，還能讓別人心甘情願地替自己解決問題。

還需要注意的是，這些技巧是要經常練習的。常常操練，就能夠掌握這個火候了。

> ☆有些時候也不應一味地回絕，應該抓住時機。有些時候，如果問題不是非常難處理，則應儘量去把它做好。

利用別人的風頭，可讓自己大出風頭

人們普遍存在著的一種心理現象，就是「隨波逐流」，表現最突出的莫過於盲目趨時和效仿有影響力和社會地位的人。而利用有一定的社會影響力和號召力的人做宣傳，是一種雙贏的選擇，讓名人出盡風頭的同時也讓自己出盡風頭。

事實證明，要想讓自己為天下人所知，最直接的方法莫過於「利用別人的風頭讓自己出風頭」。

東晉的丞相王導很善於治理國事。當初渡江來到南京時，國庫空虛，缺乏銀錢，只有幾千匹不值錢的白絹。為了渡過暫時的難關，王導自己先做了一件白絹的單衣穿在身上，又動員大臣們出門上朝也都穿上這樣的衣服。上行下效，人們都爭相效仿穿起了這種白絹衣服。白絹一時供不應求，價格很快上漲到了每匹一金。這時王導下令將國庫中的白絹全部賣掉，因此多得了幾倍的銀錢。

王導利用人們崇拜名人、追慕時尚的心理，解決了財政困難。如果他想憑藉行政手段強行推銷賣不出去的絹布，就會引起人們的反感，根本不可能達到如此結果。

其實，王導利用名人威望的謀略早在他的政治活動中就曾施展過。

晉元帝司馬睿還只是琅琊王時。王導覺察到天下已亂，便有意擁戴司馬睿，復興晉室。司馬睿出鎮建康（今江蘇南京）後，吳地人並不依附，時過一個多月，仍沒有人去拜望他。王導十分憂慮，便想到要借助當地的名人來提高司馬睿的威望。

於是他對已有很大勢力的堂兄王敦說：「琅琊王雖然仁德，但名聲不大。而你在此地早已是有影響力的人，應該幫幫他。」

他們約好在三月上巳節伴隨司馬睿去觀看修褉儀式。到了那一天，他們讓司馬睿乘坐轎子，威儀齊備，他們自己則和眾多名臣驍將騎馬扈從。江南一帶的大名士紀瞻、顧榮等人，見到這種場面，非常吃驚，就相繼在路上迎拜。

事後，王導又對司馬睿說：「自古以來，凡能稱王天下的，都虛心招攬俊傑。現在天下大亂，要成大業，當務之急便是取得民心。顧榮、賀循二人是當地名門之首，把他們吸引過來，就不愁其他人不來了。」

司馬睿聽了王導的話，就派王導親自登門拜請顧榮、賀循。受他們的影響，吳地士人、百姓，從此便歸附司馬睿。東晉王朝終於得以建立。

☆ 如果你想出風頭，與其自己苦心地宣傳推廣，不如利用別人的風頭，這才是既省力又聰明的做法。

乾坤大挪移，化人之力為我所用

俗話說：「一個籬笆三個樁，一個好漢三個幫。」還有句古話說得好：「三個臭皮匠，勝過一個諸葛亮。」每個人都各有各的優勢和長處，所以一定要善於發現別人的優勢和長處，取之所長，補己之短。

一個人不能單憑自己的力量完成所有的任務，戰勝所有的困難，解決所有的問題。須借人之力才可成事，善於借助他人的力量，既是一種技巧，也是一種智慧。

一個小男孩在沙灘上玩耍。他身邊有他的一些玩具——小汽車、貨車、塑膠水桶和一把塑膠鏟子。他在鬆軟的沙灘上修築公路和隧道時，發現一塊很大的石頭擋住了去路。小男孩企圖把它從泥沙中弄出去。他是個很小的孩子，那塊石頭對他來說相當巨大。他手腳並用，使盡了全身的力氣，石頭卻紋絲不動。

小男孩一次又一次地向石頭發起衝擊，可是，每當他剛把石頭搬動一點點的時候，石頭便又隨著他的稍事休息而重新返回原地。小男孩氣得直叫，使出吃奶的力氣猛推猛擠。但是，他得到的唯一回報便是石頭滾回來時砸傷了他的手指。最後，他筋疲力盡，坐在沙灘上傷心地哭了起來。這整個過程，他的父親在不遠處看得一清二楚。當淚珠滾過孩子的臉龐時，父親來到了他的跟前。

父親的話溫和而堅定：「兒子，你為什麼不用上所有的力量呢？」

男孩抽泣道：「爸爸，我已經用盡全力了，我已經用盡了我所有的力量！」

「不對，」父親親切地糾正道，「兒子，你並沒有用盡你所有的力量。你沒有請求我的幫助。」說完，父親彎下腰抱起石頭，將石頭扔到了遠處。

可見，不要羞於向強者求助，有時對自己來說是天大的難事，對強者而言不過只需要動動手指頭。甚至在另外一些時候，即使是敵人，也可為己所用。

你可能不知道，在亞熱帶，有一個由三種動物組成的非常有意思的生物鏈：毒蛇、青蛙和蜈蚣。毒蛇的主要食物是青蛙，而青蛙以有毒的蜈蚣為美食，在青蛙面前是弱者的蜈蚣卻能夠使比自己體形大得多的毒蛇斃命，一般的毒蛇對牠都無可奈何，三者間是兩兩水火不相容的。有趣的是冬季裡，捕蛇者卻在同一洞穴中發現三個冤家相安無事地同居一室，和平共處。

牠們經過世代的自然選擇，不僅形成了捕食弱者的本領，也學會了利用自己的剋星保護自己的本領：如果毒蛇吃掉青蛙，自己就會被蜈蚣所殺；而蜈蚣殺死毒蛇，自己就會被青蛙吃掉；青蛙吃掉蜈蚣，自己就會成為毒蛇的盤中餐。這樣一來，為了生存，青蛙不吃蜈蚣，以便讓蜈蚣幫助自己抵禦毒蛇；毒蛇不吃青蛙，以便讓青蛙幫助自己抵禦蜈蚣；蜈蚣不殺死毒蛇，以便讓毒蛇幫助自己抵禦青蛙。三者相剋又相生，形成了一個美妙的平衡局面。

借人之力，利用他人為自己服務，以讓自己能夠高居人上，這是一個人很難能可貴的地方。尤其對自己所欠缺的東西，更需要多方巧借。善於借助別人的力量，善於利用別人的智慧，廣泛地接受多家的意見，多和不同的人聊聊自己的構想，多傾聽別人的想法，多用點腦子來觀察周遭的事物，多靜下心來思考周遭發生的一些現象，將讓你受益匪淺。

☆

奧地利著名作家斯蒂芬．茲威格說的：「一個人的力量是很難應付生活中無邊的苦難的。所以，自己需要別人幫助，自己也要幫助別人。」所謂孤掌難鳴，獨木不成橋，在這個世界上沒有完美的人，巧妙地借助他人的力量為我所用，自然會有事半功倍的效果。

雞鳴狗盜，小人物也能救命

小人物就像小螺絲釘，使用得當，就能推動大機器的運轉。不要小看「小人物」，有的時候，「小人物」卻有「大用處」。

借人之力成己之事，是獲取成功的捷徑之一，但在這條捷徑上，人們卻總是習慣於將目光聚焦到那些有權勢、有財富的名人和富豪們身上，認為只有這些人才可能是自己人生路上的貴人，才能給自己的成功添磚加瓦。於是，很多人都成了「勢利眼」，瞧不起小人物，只會仰望大人物。

可是事實上，「大小」並不絕對，二者可以轉換。如唐代著名詩人李白所說：「天生我材必有用。」再平凡的人，身上也會有別人所沒有的優點；再庸碌的人，也會有別人所不具備的才能。

重視身邊的每一個人，包括小人物，說不定哪一天他們也能救自己一命。所以對待「小人物」，也不要一味趾高氣揚，而要懂得變通，善於借助他們的力量。歷史上「雞鳴狗盜之輩」就曾經幫孟嘗君逃脫大難。俗話說：「閻王好見，小鬼難纏。」想要搞定大人物，就先搞定他身邊的小人物吧！不信的話，我們再來看看戴笠的例子。

戴笠當軍統局頭子時，逢年過節，都要派人出去送禮，這禮並非是送給達官顯貴的。他手下的人把汽車停在國府路（今南京長江路）附近，到了黃昏人靜的時候，就會有很多人過來問：「戴局長有東西交給我嗎？」然後接過紅包悄然離開。

這些人，都是總統府裡的聽差、門房、女僕或是文書，雖然地位卑微，絕不可能參與軍國大事，但他們畢竟天天都在蔣介石身邊。戴笠並不是時時刻刻可以跟隨在蔣介石身邊的人，而這些人的職業就是侍候蔣介石。蔣介石的行為、情緒的變化，都瞞不過這些人的眼睛。

然而對戴笠而言，這些資訊的作用還不是最重要的。公文積壓在官場是常事，有的一擱就是一年半載，有的只要擱上十天半個月，即使批下來，也是另一種結局了。軍統上報的公文，耽擱在蔣介石那裡，戴笠是不敢催辦的。可是清潔女工就有這樣的便利，她清掃蔣介石的辦公室時，只要順手在檔堆裡把軍統的公文翻出，放在上面就萬事大吉了。戴笠的部下再有能耐，也不敢隨意進蔣介石的辦公室！這件事非清潔女工莫屬。

我們不得不承認，小人物有小人物的優勢，如便利、隱蔽、靈活、感恩等，因此，在人際交往中，要靈活變通，千萬不要只逢迎那些所謂的達官貴人，而要懂得和小人物建立關係，而且，更不可得罪「小人物」，尤其是那些大人物身邊的「小人物」，雖小卻能親近大人物，只要能巧妙地借助他們的力量，同樣可以助你辦成大事情。

所以，平時無論是說話還是辦事，一定要記住：把鮮花送給身邊所有的人，不要小看了那些目前不如你的人。俗話說：「不走的路去三回，不用的人用三次。」說不定哪一天，某個小人物就會在某個關鍵時刻成為影響你前程和命運的「大人物」，就像雞鳴狗盜之徒救孟嘗君的性命一樣。

☆ 每個人不論他目前的境況如何，但都有別人不能替代的地方。所以，待人接物切忌以權貴、貧富為分而有所差別，善待「小人物」也就是善待自己，重視並利用「小人物」也是成功路上不可不知的「常識」。

以靜制動，讓益友充當自己的鏡子

在這個紛繁蕪雜的世界裡，只有樂於結交益友的人，才能改正錯誤、避免失誤，不斷取得進步。

你是否發現，朋友中總是有這樣一些人：他們從不給你甜如蜜的奉承，也從不給你不切實際的打擊，但又總是實話實說，直陳你的過失。他們，就是我們一生中不可或缺的朋友——益友。

擁有益友是生命的幸運和福氣，因為他們能像鏡子一樣幫你認清自我。他們對我們直言不諱、肝膽相照，既給予我們真誠地關心，又會直言指出我們的盲點和瑕疵，幫助我們獲得快樂、成功。

唐太宗李世民在歷史上是一位以善於納諫而聞名的帝王，他在結交益友方面有許多有趣的逸事。

傳說有一次，唐太宗閒暇無事，與吏部尚書唐儉下棋。唐儉是個直性子的人，平時不善逢迎，又好逞強，與皇帝下棋卻使出自己的渾身解數，架炮跳馬，把唐太宗打了個落花流水。

唐太宗心中大怒，想起他平時種種的不敬，更是無法抑制自己，立即下令貶唐儉為潭州刺史，不甘休，又找了尉遲恭來，對他說：「唐儉對我這樣不敬，我要借他而誡百官。不過現在尚無具體的罪名可定，你去他家一次，聽他是否對我的處理有怨言，若有，即可以此定他的死罪！」

尉遲恭聽後，覺得太宗這種做法太過分，所以當第二天太宗召問他唐儉的情況時，尉遲恭只是不肯回答，反而說：「陛下請你好好考慮考慮這件事，到底該怎樣處理。」

唐太宗氣極了，把手中的玉笏狠狠地朝地下一摔，轉身就走。尉遲恭見了，也只好退下。

唐太宗回去後，一來冷靜後自覺無理，二來也是為了挽回面子，於是大開宴會，召三品官員入席，自己則主宴並宣佈道：「今天請大家來，是為了表彰尉遲恭的品行。由於尉遲恭的勸諫，唐儉得以免死，使他有再生之幸；我也由此免了枉殺的罪名，賜尉遲恭綢緞千匹。」

唐太宗能夠擁有尉遲恭、魏徵這樣的諫友是作為一位帝王最大的榮幸，他也確實依靠這些益友的力量開創了中國歷史上難得的盛世局面。

要知道，缺點錯誤是一個人成功的大敵，而益友的作用，就在於指出缺點，就在於給你引起你的警覺。如果不能善待益友的批評，那你的缺點錯誤就永遠無法改正。不要把益友的善意批評，想像成對自己的人身攻擊；切忌把益友的意見，誤會為給自己難堪。善意的批評是人生中不能缺少的，它是我們增長見識必須付出的代價。

請不要懷著敵意來看待批評，因為忠言逆耳，你要仔細聆聽，瞭解益友的批評是否具有建設性。它能讓你變得足智多謀、沉穩成熟。若懂得冷靜聆聽批評，既能保持情面，又對加深友誼具有積極的效益。固然有些批評是尖酸刻薄的，你也要淡化處理，這樣益友才會越來越喜歡給你忠言和卓見。

☆ 在益友的批評面前，反擊、爭辯或是無禮都無濟於事，對這樣的批評進行無關緊要的糾正，只會演化成嚴重的問題。要學會把益友的批評當成寶，樂於接受建設性的批評並且遵照執行。

得人心者得天下：以寬容仁德大展宏圖

生活中，有很多事僅靠我們自己的力量是無法完成的，必須密切連絡人民大眾，充分發揮他們的力量，讓他們成為我們步入成功之旅的依靠，這樣才能蒸蒸日上。

「水能載舟，亦能覆舟」它告訴我們，如果你想成為舟，就要有能力得到諸多的水來載你，而且也要有能力讓這些水永遠地載著你遠航，而不是某一時就將你徹底傾覆。

如何贏得眾人心，收穫眾人力量這筆無形的財富？便成了諸多嚮往成功人士的尋覓對象。俗話說：「人非草木，孰能無情。」那麼，我們就可以透過對身邊的眾人投入誠摯的感情，用寬容仁德贏取大家的支持，以大展宏圖。

某公司，有一位部門經理，在一次去外地出差時，手提包被盜，包裡面除了常用的錢物外，還有公司的公章。

事後，這位部門經理又內疚又擔心，但還是要硬著頭皮去見總經理面。到了總經理面前，他心虛地講完了所發生的事情後，頭都不敢抬地等著挨罵。但出乎意料的是，總經理不但沒有罵他，反而笑著說：「我再送你一個手提包好嗎？你前段時間的工作一直非常出色，公司早就想對你有所表示，但一直沒有機會，現在機會終於來了。」

一頭霧水的他不知如何是好，內心卻充滿了感激。後來，他非常努力地工作，兢兢業業，為公司賺了不少利潤。同時，也有不少其他公司看重了他，想用非常優厚的待遇來聘請他，可是他始終不為之所動。

不難看出，正是那位沒有暴跳如雷的總經理，用寬容的態度贏得了這位部門經理的感激，使之決心為公司鞠躬盡瘁，任憑其他公司有多麼優厚的待遇都不為所動。

這就是寬容的偉大力量。它既是人與人之間必不可少的潤滑劑，更是對他人的一種尊重、一種接受、一種愛心。當我們遇到身邊的人做錯了什麼，一味地指責、批評，甚至謾罵，真的就會起到多大作用嗎？莫不如放下憤怒，學會寬容，給身邊人一個反思和感恩的機會，這樣，能讓彼此的感情更加牢固。

我們不得不承認，一個想成就大事業的人，如果鼠目寸光，小肚雞腸，不能容人，那是很難辦成大事的。就拿三國裡赫赫有名的曹操來說，特別注意總是力圖樹立誠信寬厚的形象，尤其在他開創事業的初期，以贏得普天之下眾人的同情、理解和贊許，因此不斷壯大自己的勢力。在那個君擇臣、臣亦擇君的年代，他的做法取得了良好的效果，更為他打天下奠定了堅實的基礎。

☆ 一個人要想成功，就一定要學會寬容別人，充分利用眾人強大力量，贏得眾人的理解和支持。

製造輿論，壯大你的聲勢

從明星的緋聞到政客的傳奇，諸多事件都驗證了輿論的強大威力。在社會上，輿論就像洶湧的波濤，可以把你淹沒海底，也可以把推上天空。真正有心計的人，幾乎都善於輿論來為自己服務，牢牢地鎖定目標，製造「非我莫屬」的聲勢。

唐高宗在位時，因患有頭眩病，自六六〇年起，便把大小政事多半委託皇后處理，自己好清心養性，武則天也因此漸漸掌握了朝中大權。高宗一死，繼位的又是她的兒子，要想廢黜只是一句話而已。這樣，武則天不覺野心萌動，想要嘗試一下當女皇帝的滋味。然而，在一個夫權為上的男性社會裡，傳統的男尊女卑的觀念早已深入人心，要撼動談何容易。

中宗被廢後，武則天故意試探性地問群臣：「此後應由何人承續帝位？」宰相應聲答道：「就立豫王李旦為帝。」

李旦是武則天和唐高宗所生的最小的兒子。其他人也眾口一詞，沒有一個人會想到武則天自己想過一把當皇帝的癮。群臣的意見讓武則天意識到，自己現在做皇帝還不是時候。無奈，她只好暫立豫王李旦做了掛名皇帝，是為唐睿宗。即使這樣，仍有不少大臣屢屢站出來勸諫，要武則天儘早把權力還給皇帝李旦。武則天表面上裝作歸政於李旦，暗地裡卻要李旦寫表堅決推辭，而自己則好像是迫不得已才臨朝，掌握皇權。

接著，她又讓侄子武承嗣派人在石頭上刻上「聖母臨人，永昌帝業」八個大字，塗成紅色，扔進洛水，再由雍州人唐同泰取來獻給朝廷。武則天親祭南郊，告慰神靈，稱此石為「授聖圖」，改洛水為永昌水，封洛水神為顯聖侯，給自己加號聖母神皇，封唐同泰為游擊將軍，並舉行了聲勢浩大的拜洛守瑞儀式，使人們以為她當皇帝乃是奉循上天的旨意。

此外，她又令侍御史傅游藝率關中的百姓九百餘人，來朝廷上表，懇請武則天親臨帝位。武則天佯裝不答應，卻馬上把傅游藝提升為給事中。如此升官捷徑，哪個不會效法？於是，百官宗戚，遠近百姓，四夷酋長，沙門道士競相仿效傅游藝，上表奏請武則天當皇帝。有一次上表者竟多達六萬餘人。

如此大造輿論，眾人都覺得武則天做皇帝已是上應天意下順民心，勢所必然。

百官群臣也樂得順水推舟，請求武則天早日登基，就連掛名皇帝李旦竟也認為自己這個皇帝是搶了母親的位，親自上表請求改姓武。時機成熟之後，武則天才廢了李旦，親自登基為帝，反對者聲息皆無，她這個皇帝也就坐穩了。

像武則天一樣「工於心計」的人都明白，要想爭得成功機會，製造聲勢，抬高自己的身價是很必要的。只有這樣，你才能為眾人所認同，也才能少去很多不必要的危險。

☆如何抬高自己的身價呢？最直接的辦法就是提高自己在對方心中的位置。這時，你要善於人為地製造一些焦點和聲勢。即使有雄心，也不要急於行動，而是利用各方面的力量，為達到自己真正的意圖搖旗吶喊，最終達到自己的目的。

罵名也有用，搭上逆勢中的便車

提到「罵名」兩個字，人們往往不是嗤之以鼻，就是躲得越遠越好。其實，有時在條件不利的情況下，罵名反而是逆勢中最好、最有利的便車。

許多經商的人都懂得這個道理。他們巧借罵名之勢促進自己的生意，從商業競爭中獲取最大利潤。

英國麥克斯亞的一個婦女，一紙訴狀將丈夫告到法院，理由是丈夫有「外遇」。法官問第三者是誰，這婦女居然說是足球！法官覺得無法控告足球，便勸該婦女控告生產足球的廠家。

這起無厘頭的控告引起了廣大媒體的關注，大家都以為該廠家會對這起官司不予理睬，可是出乎意料的是，該足球廠不但欣然應訴，居然還賠償給這婦女孤獨費十萬英鎊。當時，一直關注該場官司的媒體爭相報導這樁奇案。

表面上看，是足球廠敗訴，又賠了錢，實際上這次官司為足球廠做了一次絕妙的廣告。這一事件之後，該廠名揚四方，其產品也供不應求。足球廠的老闆是聰明的，他知道如何借勢揚名，這種隱蔽的炒作方式更容易讓消費者接受。

在激烈的現實競爭中，善借勢者善生存，有勢時借勢，無勢時造勢也要借，而且順勢要借，逆勢也要借勢。如上例中足球廠的老闆，就是一個借逆勢的高手，表面上的「敗」，其實是「大贏」，借「奇案」的便車以達到比自己做廣告還要效果卓越的宣傳作用。

如果這家足球廠是一家弱勢品牌，那這樁案件的轟動效應足以讓它全國皆知，如果這家足球廠是一家強勢品牌，那會很好地鞏固自己的品牌優勢，有什麼廣告會比婦人狀告足球是老公「小三」的宣傳更為強勁呢？

法家講究「法、術、勢」三者結合，把借勢、造勢當做治理天下的三大要點之一。可見，「勢」在其中的重要地位。現代社會中，「勢」同樣重要，善於借勢的人或企業總是可以充分利用外部性坐享漁翁之利，尤其在自己身弱的時候。而且這種勢，並非全部是正面的。

例如，在娛樂圈中，蓄意炒作已經成為的一個頑疾。當欲炒作的主角，沒有什麼吸引人的正面新聞時，其負面新聞就成了爆料的焦點。炒作高手想盡辦法，故意爆出第三者插足、被起訴等負面消息，帶頭把主角罵得狗血淋頭，以引來諸多參與者和圍觀者。

當越來越多的人們聚焦主角的時候，這些高手的目的也就達到了。隨之而來的，無非是主角們有所增加片酬、廣告代言，等等。不過，等著一切水到渠成後，人們才會恍然大悟，自己不過當了一回沒拿報酬的群眾演員，唾罵都是為了襯托「主角」的人氣，使主角越走越紅。

孫子說過，故善戰者，求之於勢。借勢是實現夢想的一個捷徑。我們做人就應該有點心機，靈活變通，不要以為只有優勢才可以派得上用場，罵名等負面影響也是一種可以用得上的勢。

☆

平時應多關心時勢，多累積知識，兩者合二為一，這是借勢的基礎；要有膽識，別怕被罵，只有知識沒有膽識就難以有借助時勢的膽量和氣魄，難以應用，這是借勢的支點。最後，借勢時出手要快，搶佔先機，這是借勢成功的關鍵因素。

CHAPTER 2

靈活借勢的公關心理學

平時冷廟燒香，急時才能抱佛腳

平時多燒香，用時才靈光。

在社會中會公關、會應酬的人，其高明之處在於他們不僅注重給熱廟燒香，而且也非常注意給冷廟的菩薩上香。

一般人都喜歡到香火旺盛的熱廟去燒香，殊不知因為香客眾多，菩薩反而不會在乎你的香火，你的努力在很大程度上有一部分是白費了。如果你到冷廟燒香情況就大不一樣了。因為平時冷廟門庭冷落，無人禮敬，你卻很虔誠地去燒香，菩薩對你另眼相看是很自然的事情了，認為你是他的知己，感情自然貼近。

即便你到冷廟燒一炷香，菩薩卻認為是天大人情，一旦有事，你去求他，他定會鼎力相助。菩薩如此，人情亦然。

有一個人，在他位高權重時，家裡的客人可以說是川流不息，絡繹不絕。可是一日，他突然成了落難人，家裡則清靜得一個月不見幾人來訪，這時他真正地感覺到「世態炎涼」這四個字的含義。

正當他覺得人生失去意義時，一個平時沒什麼走動的朋友卻拿著東西來看望他，給他安慰和開導。在這個朋友的幫助下，他開始著手建立自己的公司。經過努力，他的生意越做越大，甚至還收購了一家規模很大的公司。

這時候，往日的朋友看他又重新站了起來，就又開始到他家串門子、送禮，希望能在他公司謀個好職位，不過他對這些人已沒有太多的言語。他在等待著那位在他最低迷時幫助他的朋友。可是他卻只接過對方一通向他祝福的電話，於是他決定親自去接他那位朋友，讓他擔任公司的副總，與他一起管理自己的公司。

生活中，無論做什麼事情，遇到什麼人，不妨靈活點，經常幫別人一把，別人也會牢記在心，當你有事時，自然對你報之以恩。

☆ 真正靈活的人，一定會注意多去冷廟燒香。但不是所有的「冷廟」都要去燒香，都可去燒香，要挑有發展潛力的「冷廟」去燒。

誠信是一種有持續性回報的投資

誠信是一種長期投資，唯有長期遵守誠信的原則，才能建立和維護你的信譽、品牌和忠誠度，也才有可能得到可持續的成功。

誠信就是誠實守信，用更通俗的話說，誠信就是實在，不虛假。誠信是一個人的美德，有了「誠信」二字，一個人就會表現出坦蕩從容的氣度，煥發出人格的光彩。自古以來，誠實守信就是一種永恆的人性之美。可以說，誠信的品格是要獲得成功人生的第一要素，歷來被偉人們所尊崇。

誠實守信不僅是一種美德、一種吸引人的影響力，而且是構築人脈和拓展人脈的一個基本要求。試想，如果一個人經常出爾反爾，你還願意跟這樣的人交往嗎？

安德魯．卡內基曾經說過：「世界上很少有偉大的企業，如果有，那就一定是建立在最嚴格的誠信標準之上的。」下面事例中，主角的成功均是因為自身守信而贏得的，值得我們品味。

二十年前，法蘭西斯開了一家小小的印刷廠。今天，法蘭西斯已經非常富有，並且有一個美滿的家庭，還擁有一家很大的印刷公司。他在同行之間很受敬重，最重要的一點是他恪守誠信。

當友人問起他的成功之道時，法蘭西斯說：「我父親非常強調守信用的重要性。言行要一致，是父親最常說的話。我畢業時，決定開一家印刷廠。從創業初期，我就一直遵循父親所給予我的教誨，對每位顧客都堅守信用。如果成品不夠精美，我就免費重做一次，我交貨也很準時，即使有時連續兩三天沒睡，我還是信守承諾。就這樣，我開始賺錢了，並在三年後拓展了我的事業，有能力購置更大的廠房和複雜的設備。但就在這時，一個週末的一場大火把我的工廠燃燒殆盡。保險公司只負責一半的損失，此時我負債累累。我的律師、會計師都勸我宣告破產，但我沒有這樣做，因為我要勇敢地面對我的問題。那時實在是不容易，但是我還是償清了所欠的債務，並且重新開始。由於我的承諾，贏得了所有債權人和廠商的信賴。

「你問我的成功之道是什麼，我的回答是：『信守承諾』。如果沒有父親昔日的教誨，我是不會有今天的。」

著名實業家李嘉誠也曾經就自己多年經營長江實業的經驗總結道：「做事先做人，一個人無論成就多大的事業，人品永遠是第一位的，而人品的要素就是誠信。」

很多人把信譽看得非常重要，視它為自己成功必不可少的一個因素，這是正確的。不講求信譽，不僅僅會給別人造成損失，同時也會使你失去很多東西，使人們都逐漸地遠離你。有的人在人際交往過程中，憑藉一兩次矇騙而使自己的陰謀得逞，但這種伎倆絕對不可能長遠。

俗話說，「群眾的眼睛是雪亮的」，這種矇騙一時的行為遲早會被人們發現。如果你是一個不講信譽的人，只要有一個人知道，用不了多長時間，所有的人就都會知道，那時候，你就會陷入非常難堪的境地中，沒有誰會主動來和你往來，甚至還會故意冷落你、躲避你。這樣，無論你辦什麼事情，走到哪裡，四面八方都會是厚厚的一堵牆，更別希望別人幫你辦事了。

雖然「不誠實」、「欺騙」、「詭詐」被有些人推崇，也會帶來一定的近期利益，但最終的後果是負面的。

☆

誠信，虧掉的可能只是一時的金錢，賺下的卻是一生的信譽。信譽就是財富，而重信譽的人，往往會在眾人的幫助中站起來，不會陷入孤立的絕境，只要能夠做到誠信，那麼我們的人脈關係就會因為承諾而固若金湯、牢不可破。

給他人一個頭銜，讓他鼎力相助

頭銜是一種公開化的讚譽，幾乎沒有人能夠抗拒。頭銜能夠讓許多人激動不已，能夠激發他們的工作熱情，當然，還能夠贏得他們的忠誠。

雖然頭銜是虛的，不能增加人的經濟收益，卻可以在極大程度上滿足人的自我成就感。很多人都透過給予對方一個光輝閃耀的頭銜來獲得對方的鼎力協助。

斯坦梅茲是一位擁有異常敏銳的觀察力和無法估計才能的人。然而，在他就任通用電氣公司的行政主管時，他所管理的事務卻亂成一團，因此，他被撤銷了行政主管一職，而擔任顧問兼工程師。那麼，怎樣才能使這樣一個事業上受挫的人不遺餘力地投入到工作中、為公司效力呢？

這時，高層管理人員運用了一些奇妙的馭人策略。他們給予了斯坦梅茲一個耀眼的頭銜——「科學的最高法院」。一時之間，幾乎公司上下所有的人都知道：有一個叫斯坦梅茲的工程師非常了不起，他被稱為「科學的最高法院」。而斯坦梅茲也極力維護這個頭銜所帶給他的榮譽，他不遺餘力地工作著，創造了很多奇蹟，為通用電氣的發展作出了極大的貢獻。

一個頭銜真的擁有這麼巨大的魔力嗎？其實，這當中是有其心理學依據的。首先，從個體心理學的角度看，當一個人被賦予某種頭銜的時候，他對自己的自我認知就發生了改變。潛意識中，他將自己和這種頭銜統一起來，如果他不按頭銜的要求去做的話他就會產生認知失調，也就是自我認知和言行衝突，因而產生心理不適。因此，為了避免認知失調產生，他一定會以積極的言行來極力維繫頭銜帶給他的榮譽。

再者，從社會心理學的角度看，當一個人被賦予某種頭銜的時候，實際上是被賦予了某種社會角色。人有一種將自身的言行與自己所扮演的角色統一起來的本能，人很難拋開自己所擁有的頭銜而做出違背頭銜的事情。

美國勞工協會締造者的賽謬爾·岡伯斯就是憑藉這個策略走向了成功。在剛開始的時候，他所面臨的困境除了缺少資金之外，還缺少同盟者。為此，他創立了「民間委任狀」，專門對那些願意組織工會的人授予榮譽稱號。採用這種方式，一年之中他就獲得了八十個人的鼎力支持。從此以後，美國勞工協會的會員數目開始直線攀升。

橫掃歐洲大陸的拿破崙毫不吝嗇地創設了許多崇高的頭銜和榮譽。他制定了一種十字榮譽勳章，授予了一千五百多個臣民；他重新起用了法蘭西陸軍上將的官銜，並將官銜授予了十八位將官；他還以「大軍」頭銜授予那些優秀的士兵……他透過給予他人頭銜的方式贏得了眾人的支援。

☆ 在應酬社交中，要想獲得他人的鼎力支援，給予他人合適的頭銜是非常有效的方式，這被無數事實反覆證明著。

狐假虎威，藉對手之威為我造勢

人非草木，攻心為上。

還記得狐假虎威的故事嗎？

在茂密的森林裡，老虎是最兇猛的野獸，號稱森林之王。牠每天都要捕食其他動物。一天，老虎覓食時，走進一片茂密的森林，忽然看到前面有隻狐狸正在散步，便一躍身撲過去，毫不費力地將牠擒住。

狡猾的狐狸看見自己無法逃脫，就要了一個花招。牠一本正經地斥責老虎說：「哼！你不要以為自己是百獸之王，便敢將我吞食掉；你要知道，我是天帝任命來管理所有野獸的，你要吃了我，就是違抗天帝的命令。」

老虎聽了狐狸的話，半信半疑，可是，當牠斜過頭去，看到狐狸那副傲慢鎮定的樣子，心裡不覺一驚。原先那股囂張的氣焰和盛氣凌人的態勢，竟不知何時已經消失了大半。雖然如此，牠心裡暗自不服：「我是百獸之王，天底下任何野獸見了我都會害怕。而牠，竟然是奉天帝之命來統治我們的。」

這時，狐狸見老虎遲疑著不敢吃牠，知道牠對自己的那一番說辭已經有幾分相信了，於是便更加神氣十足地挺起胸膛，然後指著老虎的鼻子說：「怎麼，難道你不相信我說的話嗎？那麼你現在就跟我來，走在我後面，看看所有野獸見了我，是不是都嚇得魂不附體，抱頭鼠竄。」老虎覺得這個主意不錯，便照著去做了。

於是，狐狸就大模大樣地在前面開路，而老虎則小心翼翼地在後面跟著。森林裡大大小小的野獸們發現狐狸後面張牙舞爪的老虎時，不禁大驚失色，狂奔四散。

這時，狐狸很得意地掉過頭去看看老虎。老虎不知道野獸們怕的是自己，以為真是被狐狸的威風嚇跑的，徹底相信了狐狸的話。牠怕狐狸怪罪自己，做出什麼對自己不利的舉動，於是也慌忙逃走了。

狐狸被老虎逮住，面對如此強大的對手，牠一點也不慌張，而是巧妙地利用老虎的威勢，嚇唬住了其他動物，讓老虎相信了牠的謊言，因而保全了性命。狐假虎威是典型的以弱勝強的例子，在自身實力不佔優勢的情況下，巧妙借用強者實力照樣可以呼風喚雨。

☆人與人之間的實力是有差別的，有些先天條件是無法彌補的，但這並不意味著弱勢的一方就註定會失敗，強者就會勝利。在競爭中，勞心者治人，勞力者治於人，聰明的心理戰才是取得勝利的關鍵。只要是人，就有心理弱點，抓住對手的心理弱點，再強大的對手也會被打敗。

利用對方計策達到自己的目的

利用別人的計策達到自己的目的，這是一種大智慧。

在靈活處事過程中，順勢法是很重要的，而其中將計就計更是種常用的方式。

六〇年代至七〇年代，美國IBM公司，一直是國際商用電子電腦界的龍頭老大，控制著商用電子電腦的國際市場。面對這種情形，日本通產省曾大聲疾呼，要求日本在半導體電子電腦領域趕上和超過美國。但是，部分日本電子電腦廠家認為，與美國一些公司競爭並非易事，且很難有把握獲勝。

經過一番苦思後，日本的一些企業家動了歪腦筋，他們覺得，如果能夠事先透過某種手段弄到美國國際商用機器公司的新機種資料，就可以大大縮短趕上和超過美國的時間，減少競爭的風險。於是，日本的一些商業間諜開始了緊張的活動。

一九八〇年十一月，日立公司透過商業間諜，從美國國際商用機器公司一個名叫萊孟德·卡戴特的職員那裡，弄到了該公司新一代電腦機密設計資料。這是一套具有重要價值的資料，一共二十七冊。然而，這一次日立公司只弄到了十冊。為了弄到另外的十七冊，日立公司繼續採取行動：由日立公司高級工程師林賢治出面，向與日立公司有業務往來的馬克斯維爾・佩利發去一份電報，敦請佩利設法拿到其餘的十七冊資料。

佩利當時是ＩＢＭ公司先進電子電腦系統實驗室主任，已經在ＩＢＭ工作了二十三年。他深知新機種資料的價值，同時也很明白自己與公司的關係。因此，當他接到日立公司的電報後，立即將此事告訴了ＩＢＭ公司。公司負責安全保衛工作的查理・卡拉漢普決定「以其人之道，還治其人之身」，以間諜來反間諜。他要佩利充當雙重間諜的角色，主動接近日立公司的林賢治，摸清情況，掌握日立公司的證據。同時，在聯邦調查局的參與下，還採取了誘捕的方法：由ＩＢＭ公司宣佈，有兩名接觸絕密硬體、軟體、手冊等方面東西的高級職員即將退休，誘使日立公司向這兩名職員弄資料。

不出所料，日立公司上了鉤。一九八二年六月，聯邦調查局逮捕了日立公司前去拿情報資料的職員。日立公司竊取ＩＢＭ公司情報的證據被抓到，遭到了起訴。一九八三年三月三藩市法院判處日立公司林賢治一萬美元罰款，緩刑五年；參與此案的大西勇夫被罰款四千美元，緩刑兩年。竊取的全部資料被追回。

日立公司以間諜計竊取機要，而ＩＢＭ公司卻用反間計，以其人之道，還治其人之身，結果使日立公司以慘敗告終，足見得ＩＢＭ公司技高一籌。

以其人之道，以其人之道，還身的謀略，就是在對對手的謀略有了充分的認識和瞭解的基礎上，然後佯順其意，在對手的計上用計，使對手墜入圈套，這是此謀略的核心之點。

☆借力打力，將計就計，就是利用對方的計策達到自己目的的一種方法。聰明的人，會根據情勢的不同，運用策略，借助他人力量，完成自己要辦的事。

把蝦米聯合起來，就能吃掉大魚

面對大挑戰，不妨以群蟻啃象之勢去迎接。

「大魚吃小魚，小魚吃蝦米」，這是現實中殘酷的競爭法則。不過在社會上，我們如果等到長成「大魚」再與對手競爭，恐怕就太低效了。在這種情況下，我們不妨去聯合周圍可以聯合的「蝦米」，然後一起去吃掉我們想吃的「大魚」。

千萬不要小覷「蝦米」的集合。就在一九七三年的石油危機之前，總公司設於東京新宿區的食品超級市場三德董事長——堀內寬二大聲呼籲：「中小型超級市場跟大規模的超級市場對抗，要生存下去的唯一途徑就是團結。」

後來，以此為宗旨成立的日本聯合超級市場的加盟企業，從北海道到沖繩共有兩百五十五家，店鋪數達到三千家，日本全國都可以看到聯合超級市場的綠色廣告招牌，其總銷售額高達四千七百一十六億日元，遙遙領先大隈、西友、傑士果等大規模的超級市場。而且，日本聯合超級市場的業績，竟然是號稱巨無霸的大隈超市的兩倍。

原來是一個微不足道的超級市場經營者——堀內寬二，憑藉著中小型超級市場團結求生存的信念，草創成立的聯合超級市場為我們提供了團結力量「小蝦米」吃大魚的經濟案例。

有句俗語：「眾人拾柴火焰高」。透過聯合可以實現個人力量所不能實現的目標。很多小企業、小公司，在激烈的競爭中，被撞得東倒西歪，飄飄搖搖，雖然也有頑強的生命力，但終難形成氣候。當我們還不夠強大的時候，要在競爭中站穩腳跟，就得聯合一切可以聯合的力量，達成統一戰線，共同出擊。

中國東北有家非金屬礦業總公司——遼河矽灰石礦業公司，前身為遼河銅礦，因長年虧損，一九八三年改換門庭，從事非金屬礦開發與經營，所開採的優質矽灰石全部銷往日本、韓國，公司效益也真正成長了幾年。

但從一九九三年開始，所產矽灰石滯銷，生產的塗料市場滑坡，公司嚴重虧損。一九九七年，遼河公司宣佈破產，原來的各分廠，全部被私營單位買斷。

一九九九年，日商再次光顧遼河公司，與私營小公司老闆商榷購買兩百萬噸矽灰石粉的合約。可是，各自為政的小公司並沒有這個魄力，也不可能在一年半的時間內完成合約任務。

就在日商即將離開之際，遼河其中一家公司的經理郝為本橫下心，與日商簽了合約。郝為本心裡清楚，如果不能按期交貨，日商的索賠會讓他傾家蕩產，弄不好還得蹲大牢。但到口的肥肉，總不能不吃吧。

郝為本拿著合約，請其他幾家小公司的經理聚在一起，認真研究，聯合起來吃掉這條大魚。經過任務分配利益均分，幾家公司立刻行動起來。最後，九家公司經過有力的聯合，一年半時間內，按時完成了任務。

☆在現實生活中，當你覺得僅憑一人之力難以應付對手時，完全可以採取這種辦法，把可以借力的夥伴聯合起來。這種小力量的集合，會給你帶來巨大的收穫。

用利益驅動別人為己所用

打動他人的方法是：首先考慮在自己能夠接受的範圍內，能給他人什麼好處。

如果我們想要成就一番大事業，單靠自己一人的力量是不行的，必須善做一頭「智豬」，借助別人的力量成功。而要想借助別人的力量，我們就應牢記：人者利為先，用利益驅動別人為己所用。

在長篇歷史小說《曾國藩》中，有這麼一節：

曾國藩初握兵權時，對屬下要求極其嚴格。曾國藩治下的湘軍，以「紮硬寨，打死仗」聞名。曾國藩追求的是「多條理、少大言」「不為聖賢，便為禽獸」「莫問收穫，但問耕耘」梁啟超稱讚他是「其一生得力在立志，自拔於流俗」，「曆百千艱阻而不挫屈；不求近效，銖積寸累，受之以虛，將之以勤，植之以剛，貞之以恒，帥之以誠，勇猛精進，艱苦卓絕。」其「非有地獄手段，非有治國若烹小鮮氣象，未見其能濟也。」

但是，曾國藩對待下屬比較「吝嗇」：在向朝廷保薦有功人員時，「據實上報」，一是一，二是二，有多大功勞就是多大功勞，不肯多報一點，更別說虛報那些無功人員了。這樣一來，那些為他出生入死的屬下就不樂意了，在以後的戰役中，明顯的沒有以前勇猛。

曾國藩不明就裡，直到有一天，其弟曾國荃對他說：「大哥，弟兄們現在不賣力幹活全是因為你的『據實上報』啊，你是朝廷大員，你可以修身齊家治國平天下』，你可以百世流芳，這是你的追求。可是弟兄們沒有你那麼高的追求，他們要的就是眼前的利益。弟兄們流血賣命打仗，圖的是金銀財寶和有個官職以封妻蔭子，你不給人家好處，誰給你賣命啊？」

一番話點醒夢中人，儘管曾國藩是個理想主義者，但在現實面前也只能妥協。

我們想要成就一番大事業，單靠自己一人的力量是不行的，必須借助別人的力量成功，但是，我們如何才能讓別人追隨自己、幫助自己呢？

當然，這也是因人而異的。對於一等人才，講究的是志同道合，即有共同的理想和奮鬥目標。這樣的人物，是與自己在同一層面上的合作者，就如同曾國藩與左、彭、胡三位一樣。

然而，對於次等的人才，除了理想、人格魅力以外，也許更重要的就是實在的利益和好處。就像那些普通的「湖湘子弟」，他們不可能都在歷史上留下自己的名字，也許他們也有對理想的追求，但眼前的實際利益無疑更能打動他們。一等的人才畢竟有限，我們更多需要倚靠的是那些次等人才，所以在與這些人才博弈的過程中，我們一定要用利益驅動他們為己所用。「我們沒有永遠的朋友，也沒有永遠的敵人，只有永遠的利益」，這是一百多年前英國首相留下的名言。從政也好，經商也好，若無利可圖，誰也不會和你合作，為你所用。看透這一點，在博弈中才能進退自如。

☆ 要打動對方，首先要考慮能夠給對方什麼，你得瞭解對方要什麼？然後考慮自己能否給對方這些東西。不給對方好處對方不就予合作，你也無法獲利。給的好處小了對方意願就不高，合作程度也小，你獲利也就少。只有給你對方最大程度的好處，對方才能全力以赴，你也才能取得最大的利益。

全方位人際×交往心理學

CHAPTER 3

謀求共贏的博弈心理學

羅斯柴爾德的成功祕訣：躋身上流社會

在好萊塢流行一句話，就是「成功，不在於你知道什麼或做什麼，而在於你認識誰」。現代商業理論中也有類似的觀點：看一個人的才能，不是看他的口袋裡有多少錢，而是看他交朋友的層次。所以，要想將事業做大，就必須結交貴人，尤其是上流社會中的大人物。

古往今來最熟知個中三昧，並且將博弈借勢手法運用自如的，恐怕非金融界大亨羅斯柴爾德家族莫屬了。

十九世紀二〇年代初期羅斯柴爾德在巴黎發跡，不久之後他就面對最棘手的問題：一名猶太人，法國上流社會的圈外人，如何才能贏得排斥外國人的法國上層階級的尊敬呢？羅斯柴爾德是瞭解權力的人，他知道他的財富會帶給他地位，但是他會因此在社交上被疏離，最後地位與財富都將不保。因此他仔細觀察當時的社會，思考如何受人歡迎。慈善事業？法國人一點也不在乎。政治影響力？他已經擁有，如果再在上面花心思只會讓人們更加猜疑。最後他終於找到一個缺口，那就是無聊。

在君主復辟時期，法國上層階級非常無聊，因此羅斯柴爾德開始花費驚人的鉅款娛樂他們。他雇用法國最好的建築師設計他的庭園和舞廳及廚師卡雷梅準備了巴黎未曾目睹過的奢華宴會。沒有任何法國人能夠抗拒，即使這些宴會是德國猶太人舉辦。終於，羅斯柴爾德反映出他渴望與法國社會打成一片，而不是混跡於商界的形象。

透過在「誇富宴」中揮霍金錢，他表現出他的欲望不只在金錢方面，而是希望進入更珍貴的文化領域。羅斯柴爾德或許透過花錢贏得社會接納，但是他所獲得的支援基礎不是金錢本身就可以買到的。事實證明，在以後相當長的一段時間裡，他一直受惠於這些貴族客人。

> ☆博弈論法則告訴我們，躋身上流社會，與成功人士在一起，至少使你看起來也像成功者，即使你可能還沒成功，但躋身於上流社會後，你將更容易獲得成功的機會。

蘋果先從好的吃起，降低選擇的「機會成本」

博弈論認為，人的任何選擇都有機會成本。機會成本的概念凸顯了一個事實：任何選擇都要「耗費」若干其他事物——其他必須被放棄的替代選擇。在實際生活中，對被放棄的機會，不同的人會有不同的預期和評價，這取決於他們的主觀判斷（主觀的機會成本）。

陳蕃，字仲舉，東漢人士，少年時期曾經在外地求學，獨居一室，整天讀書交友而顧不上收拾屋子，院子裡長滿了雜草。

有一次，他父親的一個朋友薛勤前來看望他，問他：「你為什麼不把院子打掃乾淨來迎接賓客呢？」

陳蕃笑了笑說道：「大丈夫處世，當掃除天下，安事一屋？」

薛勤聽了很生氣地反駁道：「一屋不掃，何以掃天下？」

一般人講這個故事，就到此為止了，教育人做大事要從做小事做起，把陳蕃當做了反面的典型。然而事實上呢？據《世說新語》記載：「陳仲舉言為士則，行為士範，登車攬轡，有澄清天下之志。」

陳蕃後來官至太傅，為人耿直，為官敢於堅持原則，並廣為搜羅人才，士人有才德者皆大膽啟用，一時間政事為之一新。

陳蕃確實將天下掃得不錯，反倒是那位因批評陳蕃而留下「一屋不掃何以掃天下」千古名言的薛勤，我們卻不知道他後來完成了什麼事業。為什麼陳蕃不掃一屋卻掃了天下呢？就在於他懂得考慮博弈時候的機會成本：做小事所付出的機會成本是完成大事，而做大事的機會成本是每件小事都做得完美。

記得小時候，同學之間經常問這樣一個問題：兩箱蘋果，一箱是又大又鮮，另一箱由於放得久了，有一些已經變質了，問先吃哪箱，即先吃好的還是壞的？

最典型的吃法有兩種：

第一種是先從爛的吃起，把爛的部分削掉。這種吃法的結局往往就是要吃很長一段時間的爛蘋果，因為等你把面前的爛蘋果吃完的時候，原本好端端的蘋果又放爛了。

第二種是先從最好的吃起，吃完再吃次好的。這種吃法往往不可能把全部的蘋果都吃掉，因為吃到最後的，爛蘋果實在是爛得無法吃了，就都給扔了，形成了一定的浪費。但好處是畢竟吃到了好蘋果，享受到了好蘋果的好滋味。

兩種吃法，各有各的道理。在實際生活中，究竟先吃哪個蘋果，對個人其實沒有太大的影響。但從經濟學的角度，先吃哪個蘋果的選擇，就如陳蕃是先掃小屋還是先掃天下的一樣，蘊含著深刻的博弈論思想。具體到先吃哪個蘋果的問題上，兩種吃法，代表的實際上是兩種觀念，兩種對機會成本的主觀判斷。第一種吃法的主觀判斷是浪費的機會成本大於好蘋果味道變差的機會成本，第二種吃法的主觀判斷是味道變差的機會成本大於浪費的機會成本。

在我們的日常生活中，經常都要面對「先吃哪個蘋果」的選擇。每天都要自覺不自覺地對各種機會成本進行比較。在未來沒有到來之前，人生不是只有一個答案，也不是「先吃哪個蘋果」這樣簡單，關鍵在你自己想要哪個答案，適合哪條路。

☆ 自己適不適合這條路可能你比其他人更清楚，因為只有自己才瞭解自己的主觀機會，而別人卻缺少充分的資訊。你只有選擇適合自己的路成功的機率會更大。

不會表忠心，皇帝殺重臣

很多史實都證明了，皇帝總是拿重臣開刀。嘉慶帝殺和珅，康熙殺鰲拜，朱元璋手下眾多的功臣良將都被他殺死。

春秋時期，越王勾踐手下有兩位重臣：文種和范蠡。勾踐被吳王打敗後，能夠東山再起，得益於這兩人的協助。

這其中文種的貢獻不可磨滅。當初，勾踐準備率兵抗吳的時候，文種認為時機還未成熟。可惜勾踐一意孤行，最終戰敗。文種又忍辱負重，多方奔走，促使吳王夫差答應不殺勾踐。勾踐作為人質，留在吳國服侍吳王三年。在這期間，文種代替勾踐在治理越國，打理朝政。文種一直盡心盡力，大力發展越國經濟，為越國後來的稱霸打下了堅實基礎。

在勾踐回到越國後，文種又向勾踐提出了破吳七策。勾踐採納文種的意見，勵精圖治，最終得以報仇雪恨，打敗吳國，迫使吳王夫差自殺。

勾踐伐吳勝利後，舉辦了慶功大會。大臣們都爭相祝賀，但勾踐卻沒有流露出太多的喜悅之情，相反他還有些愁容，善於察言觀色的范蠡首先注意到了勾踐的變化。很顯然，勾踐不太樂意承認大臣們的功勞，他更擔心這些功臣們日後不好領導，對他們的猜忌之心也顯露無遺。足智多謀的范蠡權衡再三，決定急流勇退，他主動向勾踐提出要告老還鄉。儘管勾踐一再勸留，范蠡還是留下官印不辭而別。

范蠡臨走前，念及舊日情分，特意給文種寫了一封信，信中寫道：「越王的為人，你我都很清楚。他既能忍受屈辱，又很忌妒他人的功勞。這樣的人，只能共患難不能與共安樂。所以，我勸你也跟我一起退隱，不然只怕日後會遭遇不幸。」

文種看過范蠡的信後，不以為然。但是他小看了越王勾踐的手段，勾踐深知文種的才幹，現在吳國已經滅掉，越國稱霸諸侯，文種的作用已經不大。像文種這樣的人才，一旦參與造反作亂，對勾踐會構成極大的威脅。繼續任用文種的收益要小於留著文種的風險，所以，勾踐決定除掉文種。

有一天，勾踐親自去看望文種，談及往事，勾踐對文種說：「當年你有七條破吳計謀，我只用了其中的三條就消滅了吳國。你這還剩下四條計謀，將來準備用來對付誰呢？」

文種聽出勾踐話中有話，又不敢貿然回答，只是低頭不語。勾踐也不多說，起身離開的時候，特意送給文種一把寶劍。

文種拿過寶劍，看到劍匣上刻有「屬鏤」二字，這才明白勾踐的意思。按當時的規矩，國君如果將刻有「屬鏤」字樣的兵器贈給大臣時，意思就是要這個大臣自殺。

文種想起范蠡的告誡，只能長歎一聲：「不聽范蠡的勸告，終於落得如此下場，我太天真了！」說完，文種拔劍自刎了。

文種的死，暗合了夫差的預言。在中國數千年的歷史上，「飛鳥盡，良弓藏」的事情一直周而復始地上演著。

皇帝作為國家的所有者，雖然控制著國家的所有權，但他一個人是無法直接治理國家的，他需要委託一個或數個代理人來幫助他治理國家。於是，皇帝會給予大臣們高官厚祿，要求他們勤奮工作，為自己效命。大臣們是否能夠勤奮工作，這屬於激勵機制，皇帝最關心的還是大臣們的忠心，擔心他們是否會造反。

大臣們必須發出一個信號或皇帝必須用一個信號來區分忠臣和奸臣。在一般的經濟活動中，由於每種經濟活動的成本和收益不同，可以根據一個信號制定出分離條件。但造反這樣的事卻很特殊，當皇帝的收益太高，以至於任何成本都值得付出，皇帝用來識別忠奸的信號就比較模糊，尋找分離條件的困難程度大大提高。

於是，皇帝就會陷入這樣的困境：他無法從大臣中分離出忠臣和奸臣，但他又必須保證自己的江山能夠千秋萬代。這個時候，皇帝只有用一種非常規的分離信號來進行識別：有能力造反的和沒有能力造反的。

有些開國重臣在交出兵權後，仍會被殺，這也可以用博弈論理論來解釋。重臣除了擁有職位、兵權這些有形資產外，還有聲望、才能、人際關係等無形資產。即使交出了有形的兵權，那些潛在的無形資產是無法上交的，對於皇帝來說，他們仍構成威脅。

所以，皇帝只有將那些有能力造反的重臣們殺掉，剩下的大臣即使有造反之心，也無造反之力。這樣一來，皇帝在面臨同樣困境的時候，都會作出同樣的選擇：寧可錯殺三千，不可放過一個。

> ☆
>
> 你是否是「皇帝」身邊的重臣，你是否用你的誠信來說服「皇帝」信任你。可能你是危險的，也可能你是幸運的。畢竟，誰都很少有機會與「老虎」和平共處，與其「狐假虎威」，不如衷心輔佐。

佔便宜吃大虧，不用錢的最貴

資訊的不對稱，導致了消費者必須為之付出更多的成本。也就是說，雙方的較量中，資訊如同資本、土地一樣，是一種需要進行經濟核算的生產要素。俗話說，隔行如隔山。現在，這座山就是資訊不對稱，而要獲得準確的資訊，消費者就要付出代價。

某日，城市中的一家餐廳打出一則廣告：「明天吃飯不用錢！」消息不脛而走，第二天，這家餐廳裡果然賓朋滿座，非常熱鬧。等酒過三巡之後，眾人已有些微醺，這時，店主人才踱著步伐走出來，笑眯眯地說：「大家要走之前可不要忘記到櫃檯結帳啊。」頓時一片噓聲響起，每個人都覺得店主說話出爾反爾，不守信用。只見店主不慌不忙地說：「我明明寫的是——明天吃飯不要錢，又不是今天。」

這則笑話反映的是我們在日常博弈中經常會遭遇一些「溫柔的陷阱」，讓我們深陷其中，無可奈何。

天底下沒有白吃的午餐，生活中，商家的低價限量銷售、打折銷售、贈送禮品、購物折價券等優惠酬賓活動，讓消費者如墜煙海不辨東西。在這場銷售者與消費者的博弈中，為何消費者就沒有勝出的把握？

作為買賣雙方的理性經濟人，在資訊博弈之中，再次顯露了資訊不對稱的弊端。其實，商家能得逞，無非還是資訊不對稱造成了交易雙方的利益失衡。畢竟，在商家和消費者的對弈中，商家總是要比消費者獲得更多的消息，他也更容易在資訊上為消費者設置各種障礙和門檻。例如，上文欺騙了食客的餐廳老闆，又如提供半包獎項的某廠家，他們利用自己的優勢，引導消費者甚至誤導消費者進行消費。消費者瞭解到的只是商品資訊的表面，處於資訊劣勢。

這一切在博弈中都很正常，因為在利益面前，任何人都會心動的，理性人永遠不會失去理性，即永遠都會朝著有利於自己的方向做出選擇，他掌握的資訊達到什麼程度，他便會做出和他掌握的資訊相一致的選擇。

☆ 在雙方資訊不對稱的情況下，消費者的劣勢並不總是令人同情，因為若不是消費者貪小便宜，在利益面前失去理智，也不會自惹麻煩。

老虎怕毛驢，假訊息迷惑真敵人

在動態博弈中，每個局中人都要根據對方的行動做出下一步行動。就如下棋一樣，你走一步，對方走一步，行動策略上有一個先後順序，誰先動第一步，緊後誰動第二步，這就給了被動方反被動為主動的餘地。

話說一頭毛驢剛到森林的時候，老虎見牠是個龐然大物，不知道有多大的本領，感到很神奇——給定這個資訊，老虎就躲在樹林裡偷偷地看著毛驢，這就是一種最優選擇。

過了一陣子，老虎走出樹林，逐漸接近毛驢——想獲得有關這個龐然大物的真實本領的資訊。有一天，毛驢突然大叫一聲，老虎嚇了一跳，急忙逃走——這也是最優選擇，因為毛驢的叫聲是老虎預料之外的。又過了一些天，老虎又來觀望，發現毛驢並沒有什麼特別的本領，對毛驢的叫聲也習以為常了，但老虎仍然不敢下手

——因為牠對毛驢的真實本領還沒有完全瞭解。

再後來，老虎跟毛驢靠得更近，往毛驢身上又擠又碰的，故意冒犯牠。毛驢在忍無可忍的情況下，用蹄子去踢老虎。這一踢向老虎傳遞的資訊是——毛驢不過就這點本事而已，所以老虎反倒高興了。到這時，老虎對毛驢已經有了完全的瞭解，毫不費力地撲上去把牠吃掉。

在故事中，老虎透過觀察毛驢的行為逐漸修正對牠的看法，直到看清牠的真面目，再把牠吃掉，老虎的每一步行動都是在決定牠的資訊是最優的。

老虎沒有見過驢子，因而不知道自己比驢子強還是弱。老虎的戰略是：如果自己弱，那就只能躲，如果自己強，那就吃驢子。對於自己並不瞭解驢子，老虎的做法是不斷試探，透過試探，修改自己對驢子的看法。如果驢子表現溫順無能，老虎就認為驢子是美食的機率比較大，起初驢子沒有反應，老虎認為驢子不像強敵，膽子越來越大。後來驢子大叫，老虎以為驢子要吃牠，嚇得逃走，但後來想想，又覺得不一定，於是繼續試探，直到驢子踢老虎，老虎才覺得驢子「僅此技巧而已」，於是採取自己強時的最優行動——吃驢子。

在一個攤位前，一個女孩子問老闆：「這個包包多少錢？」

老闆回答：「五百。」

女孩子頭也不回地就往前走。

老闆急了，隨口一喊：「我可以便宜一些，四百五怎麼樣？」

她回頭一笑，繼續往前走。

老闆又喊：「這位美女，那出個價吧！」

女孩子不慌不忙地回到攤位，伸了兩個手指頭：「四百，不行我就走。」

然後，老闆就例行地表達了一下這個價格太低啊、虧本啊等為難之情。當然，女孩子最後沒花多少力氣，就以四百塊的價格把這個包拿走了。

☆其實這個女孩子和老闆的故事也是不完全資訊下的一個博弈，作為老闆，並不知道女孩子的購買底線只能一次次去試探；而作為女孩子，也不知道老闆的價格底線，只能用不理睬去試探。

未卜先知，算命先生的策略欺騙

在現實博弈活動中，參與者之間往往對自己和對方的優勢和劣勢都瞭若指掌，而且往往會想方設法地加以利用，把弱點作為突破對方防線的重點。正因如此，也就提供了策略欺騙的基礎。

在現實博弈中，參與者都會想方設法地去猜測對手的策略，以圖打破平衡。基本策略是：先隨機出招，維持一個平局的局面，同時儘量從對方的行動中尋找規律，當捕捉到這種規律時就利用它。但是如果博弈雙方都採用這種保守策略，博弈將永遠維持在平衡狀態，必須有一方首先出擊，因而誘使對方也走出堡壘，這時才能開始一場真正的鬥智。

一個善用策略行動的人，既要有自知之明，更要能利用對手對自己習慣及固有特點的瞭解，出其不意，把對手誘入局中。不過最重要的是，我們應該在生活中合理利用其中的策略。

明朝正德年間，福州府城內有位秀才鄭堂開了家字畫店，生意十分興隆。有一天，一位叫龔智遠的人拿來一幅傳世之作《韓熙載夜宴圖》來押當，鄭堂當場付銀八千兩，龔智遠答應到期願還一萬五千兩。一晃就到了取當的最後期限，卻不見龔智遠來贖畫，鄭堂感覺到有些不大對勁，取出原畫一看，竟是幅贗品。鄭堂被騙走八千兩銀子的消息，一夜之間不脛而走轟動全城。

兩天之後，受騙的鄭堂卻做出一個讓人大跌眼鏡的決定，他在家中擺了幾十桌大宴賓客，遍請全城的士子名流和字畫行家赴會。

酒至半酣，鄭堂從內室取出那幅假畫掛在大堂中央，說道：「今天請大家來，一是向大家表明，我鄭堂立志字畫行業，絕不會因此打退堂鼓；二是讓各位同行們見識假畫，引以為戒。」

待到客人們一一看過之後，鄭堂把假畫投入火爐，八千兩銀子就這樣付之一炬。鄭堂的燒畫之舉再次轟動全城。

第二天一大早，那個本已銷聲匿跡了的龔智遠早早來到鄭堂的字畫店裡，推說是有要事耽誤了還銀子的時間。

鄭堂說：「無妨，只耽誤了三天，但是需加三分利息。」

鐵算盤一打，本息共計是一萬五千兩百四十兩銀子。龔智遠昨夜已得知自己的那幅畫已經被他燒了，所以有恃無恐的要求以銀兌畫。鄭堂驗過銀子之後，從內堂取出一幅畫，龔智遠冷笑著打開一看，不由得頭暈目眩兩腿發軟，當下就癱倒在地。原來，鄭堂依照贗品仿造了另一幅假畫，而燒掉的是自己仿造的假畫。

鄭堂的策略欺騙之所以能奏效，在於鄭堂將計就計，反過來運用自己的策略，請騙子龔智遠入甕，聰明的龔智遠反倒成了傻子。這裡的關鍵在於為了贏對方而自願增加自己的行動步驟，甚至付出暫時的代價以誘敵深入。

在現實經濟生活中，我們所接收到的資訊十分龐雜，真資訊、假資訊疊加在一起，即使是理性經濟人也無從分辨。在博弈過程中，關於博弈的參與者所發出的資訊往往並不真實。

比如，你要買一件價格比較貴的羽絨衣服時，就需要鑒別羽絨的真假。當你正在猶豫要不要買時，老闆有可能將他進貨的發票在你面前虛晃一下，以表示這是正品，並且表示這樣的價格他已經是在虧本出售。實際上這只是虛晃一招，他壓根不會讓你看到發票的真實資訊。所以，千萬不要被「眼前的假象」所迷惑了。

博弈論中的策略欺騙對於我們的啟示在於，我們應該將自己所收集到的資訊，綜合起來加以利用，運用全部策略智慧，盡可能獲取整個事情的真相，因而讓自己生活在「真實的世界」中。

☆策略欺騙並不是讓我們學會「騙」，而是要利用博弈論的知識，在市場行為中，在人際交往中為自己謀取最大的利益。

檸檬市場：劣幣驅逐良幣

利用收入優勢，透過高價消費這種方式，高層次者常常能夠有效地把自己與低層次者分開。這也正是消費者出手闊綽，常有「驚人之舉」的原因所在。

據說，九〇年代初手機剛出現時，街頭出現過這樣一個鏡頭：一位西裝革履的年輕男士手拿一個「大哥大」，邊走邊大聲對著它喊話。同一條路的另一側，一位年輕女子手裡也拿著一個「大哥大」，口中振振有詞。因為這條路太窄，路人很快發現這一對男女分別是在跟對方通話，而二人相距只是一條路，不到十公尺的距離！也就是說，他們完全可以從耳邊收起「大哥大」，直接用嘴聊。

有人譏諷說，這是一般人愛炫耀，即使在用不上手機的情況下，他們也「堅持」掏出那玩意兒，讓別人看到他是用「大哥大」的老大。因為那時手機剛興起，買一部加門號得一兩萬元。

奢侈品對富人具有炫耀性的效果，如購買高級轎車顯示地位的高貴、收集名畫顯示雅致的愛好等，這類商品的價格定得越高，需求者反而越願意購買，因為只有商品的高價，才能顯示出購買者的富有和地位。這種消費隨著社會發展有增長的趨勢。

炫富心理其實在普通人的日常生活中也很常見。消費心理學研究也表明，商品的價格具有很好的排他作用，能夠很好地顯示出個人收入水準。

不得不承認，很多時候我們買一樣東西，看中的並不完全是它的使用價值，而是希望透過這樣東西彰顯自己的財富、地位或者其他。更常見者，以擁有動物皮製作的奢侈品最突出，比如鱷魚皮的包包、紫貂皮圍巾、水貂皮大衣……每一件動輒都數萬元起價，甚至有人講「哪天若能擁有一件紫貂皮大衣，則此生無憾」，人類與生俱來的喜新厭舊特性又迫使人們不停地追逐更多珍稀動物的皮毛。於是，大量的財富消費在這上面，而LV、香奈兒等品牌也成了東西方通知的奢侈之物。

戴一支幾千元的手錶和戴一支價值百萬元的江詩丹頓手錶，其使用功能是相同的，都是可以顯示時間。但戴一支用十八K金做殼、滿是鑽石的名牌江詩丹頓錶能顯示出主人與眾不同的身分。

經濟學家把消費這種價格極其昂貴的名牌商品稱為炫耀性消費，其含義這種消費的目的並不僅僅是為了獲得直接的物質滿足與享受，而在更大程度上是為了獲得一種社會心理上的滿足；這種消費行為的目的不在於其實用價值，而在於炫耀自己的身分——通常也稱為「顯擺」。

由於消費者可能是想透過使用價格高昂、優質的產品來引人注目，具有一定的炫耀性，因而這種現象又被稱為「炫耀性消費」。其實，這反映了一種消費心理——「炫耀性」心理，它是指存在於消費者身上的一種商品價格越高反而越願意購買的消費傾向。

一八九四年，美國工業發展的速度已超過其他資本主義國家，躍居世界第一位。經濟的飛速發展造就了一大批暴發戶，而這些暴發戶的行為則成了凡勃倫關注的焦點。凡勃倫以其敏銳的洞察親眼目睹了「鍍金時代」的暴發戶們在曼哈頓大街的豪宅，瘋狂追逐時髦消費品。有鑑於此，凡勃倫提出了「炫耀性消費」。

後來的經濟學家們將這種炫耀性消費的商品稱之為凡勃倫物品，甚至畫出了一條向上傾斜的需求曲線——價格越高，需求量越大。經濟學家們發現，凡勃倫物品包含兩種效用，一種是實際使用效用，另外一種是炫耀性消費效用，而後者由價格決定，價格越高，炫耀性消費效用就越高，凡勃倫物品在市場上也就越受歡迎。所以一些生產豪華商品的商家，在市場博弈中就常常利用消費者的炫富心理，生產出天價商品。

☆人們博弈有時不一定是為了滿足某種物質需求，還想滿足自己的心理需求。

螃蟹為什麼爬不出簍子

職場人員，應理性選擇職業，做到高瞻遠矚，善於將自己的理想與組織目標保持一致，不要甘心當簍子裡的螃蟹，而應勇敢地面對現實，追求職業增值。這就像博弈一樣，需要不間斷地博弈才會成為最後的勝利者。

或許釣過螃蟹的人知道，簍子中放了一群螃蟹，不必蓋上蓋子，螃蟹是爬不出去的。其實，這正是運用了博弈理論。為什麼呢?因為只要有一隻想往上爬，其他螃蟹便會紛紛攀附在牠的身上，結果是把牠拉下來。到了最後，就沒有一隻螃蟹可以爬得出去了。

畢業於某大學英語系的皓雲，在某高校工作，他希望能在教育交流領域創出一番自己的事業。因此，在正常的工作以外，皓雲在業餘時間又自學了市場行銷和電子商務等課程，並主動承擔起部門網站的組建和國際交流活動策劃等工作，成功完成了各項活動，網站品質也受到上司的好評。幾年後，因為部門管理的混亂，而且自己也感覺如此做下去毫無前途可言，於是跳到一家國際教育發展投資公司做市場研究員，開始時每天都要跑業務。

皓雲只用了一年多的時間就成為公司的業績標兵，升職做了主管。後來皓雲被安排到市場部，擔任市場部經理助理，在這個階段，他開始全面接觸市場工作，工作激情和績效非常高。在助理的位子上，皓雲充分發揮出自己的特長，特別在市場策劃方面顯示出了過人的能力。

就這樣日復一日，年復一年，轉眼間三年就過去了，下一階段的發展問題擺在了皓雲的面前：他感覺自己對目前從事的媒體、公關和廣告管理三大部分都很感興趣，可是不知道以後應該朝哪個方向持續發展，而且哪個方向他都感覺自己不具有足夠的競爭力。一些朋友勸他知足常樂，他不甘心，也有一些朋友勸他踏實工作，不要老想「跳槽」，他有些猶豫。這次，他真的感到自己迷失了未來發展的方向。

皓雲所處的環境就有一些這樣的人，他們不喜歡看到別人的成就與傑出表現，更怕別人超越自己，因而天天想盡辦法破壞與打壓他人。如果一個組織受這樣的人影響，久而久之，公司裡只剩下一群互相牽制、毫無生產力的「螃蟹」。

☆職場中，皓雲吸取了螃蟹的教訓，以不懈的努力和敢於面對困難的毅力，不聽朋友勸告，固執己見。找到了自己合適的工作，可說是他奮鬥的結晶。但是人在職場，安於現狀，不進則退。皓雲過去的成功和現在面臨的職業選擇，值得每個人去深思。

利己與利他的悖論

社會中窮人和富人的區別在於，兩者的收入有差別。收入又直接決定了個人的消費能力。同窮人相比，富人的消費能力強是不可爭議的事實。因此，富人們的支出在社會消費的總支出中佔據著重要的位置，並對整個經濟的發展帶來更大的推動。

十八世紀，一個名叫孟迪維爾的英國醫生寫了一首題為《蜜蜂的寓言》的諷喻詩。這首詩敘述了一個蜂群的興衰史：

一群蜜蜂為了追求豪華的生活，大肆揮霍，結果這個蜂群很快興旺發達起來。而後來，有一位有識之士站出來說，弟兄們，我們這麼揮霍，對資源是多麼大的浪費，那是不應該啊！眾蜜蜂認為言之有理。於是大家吃也少了，用也省了，開支立刻小了許多。也正如此，大家每天工作都沒那麼起勁了，因為不必賺那麼多呀！沒過多久，這群本來很興旺的蜜蜂，變得沒了生氣，日漸衰落。

由於這群蜜蜂改變了習慣，放棄了奢侈的生活，崇尚節儉，結果卻導致了整個蜜蜂社會的衰敗。這本書的副標題是「私人的罪過，公眾的利益」，意思是浪費是「私人的罪過」，但可以刺激經濟，成為「公眾的利益」。這部作品在當時被法庭判為「有礙公眾視聽的敗類作品」，但是兩百多年後，英國經濟學家凱恩斯從中受到啟發，提出了「節儉悖論」。

清代乾隆三十三年，兩淮鹽政的尤拔世上書奏報，指責當地鹽商揮霍成性，引發奢靡之風，請求乾隆皇帝對他們加以懲處，並力薦安養民生應當宣導節儉。乾隆看此奏章後，不以為意，他認為，富商們奢侈消費能夠增加就業，供養更多閒散之人。若讓他們節儉，反倒對百姓沒有好處。如此看來，富商的消費有什麼不對？又有什麼理由要加以禁止？乾隆的一番話讓大臣們茅塞頓開，從此不再提禁奢之事。

從歷史上看，乾隆皇帝的這一主張的確是明智之舉。富人的積極消費極大地刺激了清朝的經濟發展，並促生了有名的康乾盛世。也是從這個案例中，後人提出了這樣的主張——鼓勵富人消費。

很多人對此仍不理解，為什麼要鼓勵富人消費呢？歷史上，富人消費的例子，最後不都是喪家敗國嗎？像史書中，就描寫丟掉夏朝的桀，殘暴奢靡。他曾傾空國庫，建築自己的豪華寢宮——傾宮；曾大費人力在王宮內設計酒池肉林；曾用整塊的玉石雕建宮門，並用象牙修飾蜿蜒的長廊。而敗光商朝的紂王也毫不遜色，窮奢極欲的程度有過之而無不及。吃飯要吃旄象豹胎；穿衣要錦衣九重；住房要廣廈高臺；觀景要等摘星之閣，高築鹿台。這些，最後不都導致了國家的滅亡嗎？

此類說法，難免有些偏激和片面。要知道，夏桀、商紂是富人消費的極端例子，他們不惜動用全國人民的財富來任由自己揮灑，引起民怨民憤，才導致了自己的滅亡。但歷史上大多數富人的消費花的都是自己的收入，並不對其他人造成危害，為什麼不鼓勵呢？更何況，在現代的西方經濟學理論中，對富人奢靡消費還能找到合理的解釋。

☆

其實只要不損害他人的利益，「自利」對社會是有很大貢獻的。比如說廠商為了利潤才生產和銷售產品，這樣為了爭取更多的客源，他們就必須在價格、品質、包裝以及服務等方面讓你滿意；廠商之間的競爭越激烈，也就是說，各個廠商自利的欲望越強烈，那麼他們為消費者所提供的服務就越周到，消費者從廠商的利己行為中也就可以獲得越多的好處。

分蛋糕博弈：不患貧而患不公

自從人類群居伊始，就力圖營造一種秩序，一種適合大家共同遵守的秩序，秩序一定確定大家便無條件遵守，制度便是這種狀態下的產物。制度在於保護群體的共同利益，只有如此，才能有效地貫徹下去。

漢城有一個承真禪寺，一年到頭香火旺盛，賓客如雲。關於承真禪寺的興盛還有段有趣的故事。

承真禪寺剛建寺的時候，共有七個和尚，他們住在一起，每天共喝一桶粥。由於僧多粥少，難以滿足每個人都吃飽的要求，怎麼分配這桶粥就成了一個令人頭疼的問題。最初，他們商量確定輪流分粥，每人輪流一天。結果每週下來，他們只有一天是吃飽的，就是自己分粥的那一天——負責分粥的和尚有權力為自己多分一些粥。

大家對這種辦法不滿意，於是推選出一個公認的道德高尚的和尚負責分粥。權力導致腐敗，大家開始挖空心思去討好他、賄賂他，最終搞得整個小團體烏煙瘴氣。

大家對這種辦法也不滿意，經商量後組成三人的分粥委員會及四人的評選委員會，結果互相攻擊扯皮下來，粥吃到嘴裡全是涼的。

經驗是摸索出來的。到最後，大家想出一個方法來：輪流分粥，但分粥的人要等其他人都挑完後吃剩下的最後一碗。結果為了不讓自己吃到最少的，每個負責分粥的人都儘量分得平均，就算不平均，也只能認了。此後，幾個人再也沒有爭吵過，承真禪寺沿襲了這一制度，香火也日益興旺起來。

這個「分粥規則」高度表現了制度的作用：公平公正，相互制衡。所謂制度，就是約束人們行為的各種規矩。「沒有規矩，不成方圓」，制度在維護經濟秩序方面起著重要作用。一個好的制度並不是要改變人利己的本性，而是要利用人這種無法改變的利己心去引導他做有利於社會秩序的事。制度的設計要順從人的本性，而不是力圖改變這種本性，這樣才能形成一種因勢利導的有效激勵機制。

如果我們仔細品讀分粥的故事，不難發現，和尚分粥的過程也是中國近代經濟改革的過程。從大鍋飯到分田到戶，再到國企改革。大鍋飯的絕對平均顯然早就退出了歷史舞臺，而把分粥的大權過分集中於一人，實際上這是一個危險的舉動，我們很難保證一個人如何科學地、客觀地進行決策，這和個人的素質毫無關係，不論誰來做這個決策人，都有他自身難以逾越的局限。把個人一言堂決策換作類似「分粥委員會」的集體決策，表面上看起來民主，然而這種層面上的民主讓公平的效率大打折扣，我們不僅要喝等量的粥，還要喝熱粥。

制度不能「制（置）別人於死地，度自己上天堂」，制度不能只為別人而定。如果不能跳出這個怪圈，那麼制度永遠是一種強弱勢力不對稱甚至淪為劃分階層的界線。讓分粥的人最後喝粥，這是一個極其樸素卻又絕對高明的方法。分粥人知道，如果分給每個人的粥有多有少，那麼自己一定喝到的是最少的那一碗。

> ✰ 同樣的粥、同樣的人因為不同的分粥制度，也會產生截然不同的結果。不同的制度形成不同的結果，好的制度讓人奮發向上、積極進取，團結共處；一個不好的制度讓人好吃懶做、不思進取，鉤心鬥角。

CHAPTER 4

博得認同感的身價心理學

老王賣瓜，自賣自誇

有句俗話叫：「老王賣瓜，自賣自誇。」雖然這句蘊含了一些自吹自擂的意味，但這種自吹的必要性並不是沒有道理的。社會就如同一個大叢林，我們有許多機會都是要靠自己去爭取的。如果有能力，千萬不要把自己淹沒在人群中，或者躲在被人們遺忘的角落裡。成功者會讓自己閃耀奪目，像磁鐵一樣吸引各方的注意。

有一匹千里馬，身材非常瘦小，牠混在眾多馬匹之中，黯淡無光。主人不知道牠有與眾不同的奔跑能力，牠也不屑表現，牠堅信伯樂會發現牠的過人之處，會改變牠被埋沒的命運。

有一天，牠真的遇到了伯樂。這位「救星」徑直來到千里馬面前，拍了拍馬背，要牠跑跑看。千里馬激動的心情像被潑了盆冷水，牠想，真正的伯樂一眼就會相中我，為什麼不相信我，還要我跑給他看呢？這個人一定是冒牌！千里馬傲慢地搖了搖頭。伯樂感到很奇怪，但時間有限，來不及多做考察，只得失望地離開了。

又過了許多年，千里馬還是沒有遇到牠心中的伯樂。但牠已經不再年輕，體力越來越差，主人見牠沒什麼用，就把牠殺掉了。千里馬在死去的一剎那還在哀歎，不明白世人為什麼要這麼對待牠。

客觀而言，千里馬的一生非常悲慘，甚至有些「懷才不遇」的意味。牠終年混跡於平庸之輩中，普通人不能看出牠的不凡之處，伯樂也錯過了提拔牠的機會。但是，造成這種悲劇的是誰呢？是牠的主人嗎？是伯樂嗎？都不是！怪只能怪千里馬自身，假如牠當初能夠抓住機遇，勇敢地站出來，在伯樂面前牠能不顧一切地奔跑起來，表現出自己與眾不同的優秀品質來，用速度與激情證明自己的實力，恐怕牠早就可以離開那個狹窄的空間，到屬於自己的廣闊天地盡情施展了。

曾經人們總說「酒香不怕巷子深」，其實非也，甚至會耽誤很多英雄。試想，要有多麼濃郁的芳香才能從深巷裡傳入人們的鼻端呢？又有多少人能夠靜下心來尋找這芳香的源頭呢？只怕最終也不過落得個「藏在深巷無人識」。有些人常慨歎懷才不遇的人，卻不知何時才會自我醒悟，因為有能力是需要表現出來的，有本事就要發揮出來，不吭聲、不動作，誰會知道你胸中的萬千丘壑，誰會將你這匹千里馬從馬群中挑選出來呢？

現實終究是現實，美好的東西不會主動跑到你面前來，一切都要靠你自己主動。要知道，就算天上掉下餡餅，也要你主動去撿，而且你還必須搶先別人一步。金子如果被埋在土裡就永遠不會發光。如果要發光只有兩種可能：一種是被礦工僥倖發掘，而這幾乎等於不可能；另外一種是透過自己的力量破土而出，如果你努力，如果你是真金，這種可能幾乎等於必然。

因此，即便是真有才能實學的人，也要學會表現自己，要善於表現自己，才能讓自己的優勢展現於世人面前，才能使自己成為求才若渴的人們心目中的搶手貨。

以當代現代職場為例，默默無聞、埋頭苦幹的人，往往不能夠得到重用。一個成功的人，不僅僅要擁有雄厚的實力，還要會表現自己，這樣才有機會脫穎而出。絕大多數人都有自己的理想和目標，但人生的第一步是必須學會「炒作」自己，為自己創造機會。

☆ 美國著名演講口才藝術家卡內基所言：「你應慶幸自己是世上獨一無二的，應該把自己的才賦發揮出來。」在如今這個凸顯自我價值的時代，實力已不是成功的唯一條件，還需把自己「捧紅」，這是一種把握人生主動的心機。

為魅力加點磁性，吸引更多的人

無數事實證明，想要成為精神領袖，讓周圍的人們追隨你，形成一個凝聚人心、催人奮進、具有強大吸引力的領導核心，僅僅依靠體制和職務賦予的權力是遠遠不夠的，還需要給自身的魅力加些能讓眾望所歸的「磁性」。

人格魅力能創造多大的影響力？時代華納總裁史蒂夫．羅斯為我們做出了回答。雖然羅斯的生活沉浸在幻想之中，他的行事作風專擅獨裁，但他絕不露出一副高高在上的模樣，即使對低下的人也絕不擺出一副盛氣凌人的架勢。他至少不會給人以妄自尊大的感覺，他能顧及別人應有的尊嚴。

得力主將達利是這樣表述羅斯的「親和力」的：「羅斯對周圍人物的感受處處可見，他和每一位祕書都曾親切地交談。如果他離開時忘了向安或瑪莉莎（達利的助理）道再見，他會說『天啊！我忘了說再見』，然後再折回去。如果他留在公司而由安替他做任何事情的話，第二天就會有一打紅玫瑰放在她的桌上。」

為了和公司低層的員工打成一片，羅斯可以說費盡了心思。他確實成功了。所有人都從內心深處尊敬他、感激他，並自動自發地追隨他。對於手下的得力主將，羅斯則另有一套方案創造信徒。他賦予部門主管絕對的自主權，他告訴他們犯錯無妨，但就是不要太離譜。因此，他鼓勵主管要有自己就是老闆的意識。羅斯言行如一，從不干涉主管的決策，無論是否景氣，他永遠是他們忠實的支持者。這種親切、溫厚、如慈父般的作風完全符合他的個性，並且深入人心。當其他同行的管理階層因流動率太高而元氣大傷之際，華納的高級主管一律長期留任。每當他的控制權受到來自合併的挑戰時，他手下的主管便群起反對他的對手，因而幫助他渡過一次次的權力危機。

羅斯知道，要使員工真正成為信徒，還必須給他們以實惠。無論如何，運用各種手段將公司的財富與同僚共用，對羅斯而言似乎是天經地義的事。談起薪資、津貼和一些千奇百怪的福利措施，華納可說是一應俱全，稱得上真正的全能服務公司。羅斯讓他手下大將各個成為千萬富翁，他們對他奉若神明，事實上，他的周遭人士對他不但絕對忠誠，而且近乎個人崇拜。

除以上幾點之外，羅斯獲得人們信仰的保證是他迷人的夢想以及實現夢想的超凡能力所建立起來的良好信譽。「要與羅斯相處，就必須是他忠誠的信徒。一旦進入他的世界——那裡強調的是忠誠——則你的夢想（依照他的指示）都能夠實現。」

古往今來，信徒式文化一直是維繫人心的重要因素。就拿世界五百大的寶潔公司來說，信徒式文化也產生了良好的效果。寶潔長期以來一直細心挑選新員工，雇用年輕人做最初級的工作，然後把他們培養成具有寶潔思維和行為方式的人，再讓這些在寶潔文化中成長起來的「寶潔信徒」做中高級管理人員。這些忠實的員工在寶潔內部形成了上下一心、團結奮進的氣氛，大家群策群力，以公司發展為信念，以信徒式的狂熱，貢獻出自己的全部力量。

☆ 充滿「磁性」的人格魅力，才是聚集眾人的精神力量。當你帶著動人的人格魅力站在人們面前時，無需聒噪的鼓動與召喚，他們也會緊緊地追隨在你身邊，為你的目標而奮鬥，為你的夢想而努力。

在名片上下工夫，誰都會對你印象深刻

由於每個人都是這個世界上獨一無二的，所以每個人的形象，無論好壞，也都是充滿著獨特影響力的。因此，形象是每個人向世界展示自我的視窗，向社會宣傳自我的廣告，向別人介紹自我的名片。別人從我們的形象中獲取對我們的印象，而這個印象又影響著他們對我們的態度和行為。我們也正是在這個最基本的互動過程中，追逐著自己人生的夢想，實現著生命的價值。

紅頂商人胡雪巖在上海新開張的商行遭到當地商人的聯合擠兌，不久就波及了大本營杭州。一些大客戶生怕胡雪巖垮臺，聞風而動，都準備中止和他的生意往來。這天胡雪巖從上海回來了，他們悄悄躲在暗處觀看，以為會看到胡雪巖灰頭土臉的樣子。結果他們失望了，他們看到了衣著鮮亮、精神抖擻的胡雪巖。

他們還不放心，又跟蹤胡雪巖到他的商行去。他們認為胡雪巖會暫停生意進行

整頓。可是胡雪巖的商行不僅沒有關閉，而且他還親自坐鎮，在櫃檯上悠然自得地喝起茶來。這令他們糊塗了，一個人遭受這麼大的打擊，竟然還能夠如此鎮定從容？最終，胡雪巖的氣度征服了他們，他們又對胡雪巖恢復了信心。其實，當時胡雪巖的處境已是山窮水盡，就是憑他那堅如磐石的鎮定形象，才穩住了不利的局面。

曾有人說過：「形象是一個人的招牌，壞形象會毀了你的一生，而好形象會令你的影響力迅速提升。」

沒錯，尤其在今天競爭日益激烈的社會裡，每個人都承受著巨大的壓力，同時又被利益驅使著，猶如急流中團團旋轉的浮萍。如果我們能靜下心來，認真地樹立起自己的好形象，那就好比給自己的人生打造了一塊金招牌，能令你在風高浪險的生命歷程中從容地經營人生，從容地成就人生。

好形象如果能夠充分運用，將有助於提升你的影響力，促進你的成功。

所以在交際前先把自己的儀表、形象修飾好。「欲把西湖比西子，濃妝淡抹總相宜」。只有掌握了修飾美的「修飾即人」的指導思想及「濃淡相宜」的美學原則，才能使美的修飾映照出一個人蓬勃向上的精神風貌，才能幫助我們提高處事能力。

「修飾即人」是說修飾美能反映一個人的追求及情趣。美的修飾要考慮被修飾者的年齡、身分、職業等，教師、醫生就不宜打扮得過豔，學生應當講究整潔。

「濃淡相宜」是說修飾不能片面追求某一局部的奇特變化，而應注意統一協調，否則會失去比例平衡，以致俗不可耐，弄美為醜。一個人如果想受人尊敬，首先必須注意的是衣著的整齊清潔，讓人覺得自己為人端莊、生活嚴謹。況且化妝的本意是為了掩飾缺點以表現優點，所以，如果為了掩飾缺點而化妝過濃時，優點反而被破壞無遺。

欲將良好的風度、氣質呈現在眾人面前，應持淡雅宜人的化妝，不可把臉當做調色盤，不可把身體當做時裝架，這也就是所謂有個性的妝飾，它是在表現本身的修養，同時也表現人格，因此必須使看的人感到清爽和產生好感才行。

☆

你與他人打交道時，留給別人一個深刻的、難以磨滅的印象。這會為你的成功處事增「輝」不少。

在重要場合曝光，讓更多人認識你

在重要場合「曝光」自己需要面對很多人，有認識的，也有不認識的，所以對個人來說是需要很大勇氣的。想做到這一點，必須克服膽怯、羞澀的心態，要對自己充滿自信，講話或辦事應當信心十足，這樣才能贏得諸多人的青睞。

日常生活中，人們總喜歡用「曝光率高」來形容成功人士或知名人士。其實，真正出色的人士，都是懂得利用一切機會讓自己在重要場合「拋頭露臉」，因為這樣可以讓更多的人認識自己，擴大自己的影響力，提升知名度。

平時，我們應該關注些身邊的各種儀式，積極、甚至自薦地前往參加。例如，你的公司因職員有紅白喜事而舉行的儀式，因有人要出國或退休而舉辦的派對，因有人得到提升或費盡周折挖過來某個能人而舉行的歡慶，或因解決了一個大難題而來個小小的慶祝……都是你「曝光」自己的好機會。儘量多地參與這種活動，並在這種場合裡做段精彩的演說，或者送點什麼禮物，舉止得體，飲酒有度，保證不顯尷尬、不出洋相，你的個人形象、知名度一定會增色不少。

當朋友舉行婚禮的時候，我們也可以藉此機會，在朋友的親人及朋友面前「曝光」自己。一般而言，這種情況下大家還都不認識你。那麼，你不妨在婚禮正式開始前向新郎新娘、其父母們作一番自我介紹，說說你是誰，為什麼會前來參加婚禮，代表誰來的等，然後呈上你的禮物，並適當地祝福新人。這樣他們一定會對你的舉止印象深刻並心存感激。

婚禮開始後，你可以在享受這種喜氣聚會的氣氛和環境中，觀察一下周圍形形色色的人，透過聊天、獻歌或敬酒等活動，讓自己充分「曝光」，使更多的人認識你。

除了自己主動去參加別人的活動外，你還可以自己組織漂亮的聚會，如生日宴會、孩子滿月、喬遷新居，等等。一旦你成為聚會的主人，應好好計畫一下，或者將它委託給某個具有豐富組織經驗的高手，儘量讓你的客人和你都感到有趣，要讓他們記住這段快樂的時光，並覺得你不愧為一位細心而好客的主人。這樣，一定會有很多人在這次聚會上記住你。

要記住，你在重要場合僅僅是「曝光」自己還遠遠不夠，因為「曝光」的真正意義是要給在場的人留下深刻印象。你在「曝光」的同時必須不斷地尋找機會宣傳你自己——你的主張和你的價值，等等。你可以透過發言、演講等自我宣傳的形式，也可以請知名人士或朋友進行當眾介紹，總之要讓自己深入人心。

☆宣傳自己也要遵循一定的原則，過於明顯的個人宣傳恰恰適得其反，會讓別人誤以為你在自我吹噓、炫耀價值，因此在宣傳時不要弄許多花招噱頭，應當謙和地、不溫不火地展現你自己，以免嘩眾取寵、吹毛求疵。

製造一些神祕感，引起他人注意

雖然我們常說愛情應該是純真、聖潔的，但在愛情中，切忌一切如白開水一般透明清澈，而是應該「汪汪若千頃陂，澄之不清，淆之不濁」。

小萌和男朋友戀愛七年了，雖然一直沒有步入婚姻的殿堂，但兩人感情非常好，而且對未來的婚姻充滿信心。不少人逗小萌說：「人家都說七年之癢，到現在還沒有驗證，你怎麼還那麼死心塌地跟著他呀？」

對此，小萌每次都是毫無忌諱地回答：「看多了和我一樣工作背景的人，對異性有些麻木了。而他從事的職業比較特殊，身為警察，他從不和我談工作上的事。常常一個電話打來，他就馬上從戀人的角色轉換，匆匆趕去工作。無論我怎麼問，他都不說去幹什麼，而他越是不說自己去幹什麼，我就越想知道，我會坐在約會的地方慢慢地想他，等他的電話——覺得很過癮。或許正是因為這種神祕感讓我開始對他著迷。」

小萌的男友是在無意之間給她留下了神祕感，因而激起了小萌的好奇心，將小萌的心牢牢地抓住了。不過，讓自己有神祕感，還要求在表白愛意時不能太直白。含蓄一些，如某些戀愛高手只是對一個女孩好，可是就是不說自己喜歡她，搞得對方牽腸掛肚，最後他朦朦朧朧地說了心思，女孩就成了他的女朋友。

人常說「得不到的東西總是最好的」，因為想像力比視力能量更大。不僅愛情如此，社會上的一些非常重要的人物，也總是為保持神祕感，偶爾故意減少自己在公眾場合的露臉的次數，吊大家的胃口。所以，我們在現實的生活中也應學會巧妙地給自己製造些神祕感。那麼，具體該如何去做呢？

一、語言搪塞

很多社交高手在被問及近況時，總是不經思索地回答：「好忙喔！時間好像都不夠用呢！」之類的話，並且顯露出一副滿足的表情。

如果問話方繼續說道：「沒關係，能者多勞嘛！」或者：「哇，那真是辛苦啊！」高手們必定神氣活現，卻裝著謙虛地回答說：「唉，屬牛的，勞碌命啊！」其實，雖然他們口頭上是抱怨，內心卻存著炫耀。對於生活的繁忙，他們未必介意，多數是想借著聲稱自己忙碌，來展示自己的能力，提高自己的身價。所以，你不妨運用些語言的搪塞技巧，把自己扮演成一個大忙人，因而吊起想見你的人的胃口。

二、表示你胸懷大志

讓別人欽佩自己的方法很多，其中最有效的方法是讓人感到你非常有發展前途。一個著名作家曾在雜誌上發表大作，介紹他年輕時的一個同事。這位同事年輕時就很有抱負，常對人說：「我今後一定要成為國會的議員。」

然而這位同事到最後仍未實現當議員的夢想。但在當時，許多同事都認為他有遠見，很了不起，甚至公司方面也對他產生了「能有這種志氣的人在我們公司服務，真是難得」的評價。所以，他很快就升為部長，並在不久後被提升為公司經理。

所以，你不妨對你的同事或朋友說：「我將來要擁有自己的公司，而且一定要實現這個計畫」，並將這樣的話重複數次。這樣，連那些原本不太相信的人，也會不知不覺地認為：「他很有可能做出一番轟轟烈烈的事業來，不可小覷啊！」有一個將來會發達的人做朋友，人們會有沾光的心理，於是對你更加關注。

> ✰ 就像老師喜歡有遠大抱負的學生一樣，人們總是欣賞胸懷大志的人。要知道，即使你的藍圖完全不可能實現，同樣能給人留下很好的印象。

「裝腔作勢」術：強者就要有強者的氣派

所謂裝腔作勢術，就是故意裝出一種腔調，做出一種姿勢。西方有一句名言：「你可以先裝扮成『那個樣子』，直到你成為『那個樣子』。」可見，一個人要想成為自己理想中的樣子，不妨先學會「裝」。

一個成功者就應該有成功者的氣派，你要想成為成功者，就應該首先讓自己裝的像一個成功者。因為，只有這樣，你才能讓別人相信你有領導者的潛能，他們才願意把票投給你。也就是說，你只有先「處其位」，然後才可能「謀其政」。這是一個讓身價上漲的過程，更是一個上位的過程。

著名的形象設計師英格麗・張告誡人們：「像領導者那樣說話，像領導者那樣舉止，那麼，你就是領導者。」

在大社交環境下，無論出席什麼樣的場合，讓自己看起來像個成功者，別人才會對你刮目相看，給你十足的面子。

這一點在經常出現在媒體上的政治家身上表現得非常明顯。他們的形象對選票的影響能夠千百次地證明「看起來就像個成功的人」的重要性。

政治家們只有經得起千千萬萬個選民的百般挑剔才能夠走向自己的成功大道。因此，「看起來像個有影響力的領袖」對於政治家們來說，是獲取選民信任的第一個至關重要的條件。

正是這種「看起來像」的魅力，使雷根、克林頓、甘迺迪、柴契爾夫人等人滿足了選民對領袖形象的要求而實現連任。傑出的政治家都深刻地認識到了「看起來像個領袖」在選民中的重要影響，所以都會雇形象設計師及溝通交流專家、社會心理學家為他們塑造一個能表現自己最佳形象的模式。

一九六〇年尼克森與甘迺迪競選時，尼克森似乎忽視了對自己外表的包裝，而甘迺迪懂得如何利用自己的外在優勢獲取選民的信任。幾十年過去了，他的形象和影響力一直讓人難以忘懷，甚至成為世界領袖的標準形象。

克林頓就受到了甘迺迪的影響，從小立志從政，他以甘迺迪為榜樣，終於成為美國總統。在克林頓的身上，正反兩面，都有甘迺迪的影子。儘管他是美國歷史上醜聞最多的總統，但是他基本上在每一次事件中都能夠安然過關，人們一次次由於他富有影響力的形象而原諒他的不檢點。相比之下，尼克森僅因一次水門事件就被迫離開了白宮。

克林頓的夫人希拉蕊，在克林頓當選之前，曾是女權運動者。她的服裝無意識中就展示了女權運動者的形象：她戴著學究式的黑色寬邊眼鏡，穿著具有女權主義形象的大格子西服。這種形象違背了美國人心目中高貴、優雅、母性的第一夫人的形象，曾一度影響了克林頓的選票。

新的形象設計團隊順應美國人民的心理，用充滿女性韻味的色彩時裝代替了男性化的、乏味的女權主義服飾，為她設計了時尚的髮式；用隱形眼鏡換掉了迂腐的、學究式的黑邊眼鏡；用溫和改良主義的言辭代替了激進、偏激的語言。

希拉蕊的新形象接近了美國選民對於第一夫人的期望，她展示出的既有女性魅力又有女性的獨立、強大和智慧的第一夫人形象為克林頓的政治影響力增添了不可磨滅的光彩。

從心理學角度，「看起來就像個成功者」對於追求成功的人而言確實非常重要。在外形上接近有影響力者是一個人在思想和行動上走向成功的最關鍵一步。因為在人們的意識中，具備這種成功形象的人大都是已經有影響力的人。

☆「看起來像個成功者」能夠讓你自身感受成功者的自信，可以激勵你自己走向成功，擁有像成功者那樣的舉止、行為，還可以使你自己被人們認可為是具有潛力的成功者。下次再出席各類社交場合的時候，你知道該讓自己如何出場了吧？

「兩高定義」術：用「兩高」給自己下定義

在職場中，一個人要給自己估價，首先就要給自己下一個定義。如果你把自己僅僅定義成一個上班族，那麼，在職場上你就只會以上班族的身分來要求自己。進而以上班族的心態，得過且過地過每一天；如果你把自己定義成一個成功者，你就會以成功者的心態，像對待事業一樣對待自己的工作，並且為了將工作做好，你不斷提升自己的能力，不斷將工作做到最好。那麼，你肯定會價值不菲。

給自己一個不同的定義，你的身價就會大大不同。現實中，擁有高身價是每一個人的夢想。那麼，為了讓自己價值不菲，為了讓自己擁有鑽石價值，我們到底該怎樣定義自己呢？我們不妨用「兩高」來給自己定一個標準，下一個定義：

「我的位置在高處」，這是一種積極進取；「我要達到更高的標準」，這是一種嚴格要求。

黛安妮是美國一家大時裝企業的創始人。她二十三歲的時候，從父親那兒借款三萬美元，自己開了一家服裝設計公司。跟丈夫分居以後，她將自己的公司發展成了一個龐大的時裝企業。現在年銷售額達兩百萬美元。接著，她又辦起一家經營化妝品的公司，還與其他公司合夥用她的名字作商標生產皮鞋、手提包、圍巾和其他產品。她只用了五年時間就完成了這一切。

這樣時裝企業的女強人對成功又是怎樣解釋的呢？她說：「如果把生活比做旅程，成功便是在沙漠中來到一片綠洲，你在這裡稍事休息，舉目四望，欣賞一下這裡的景致，呼吸幾口清新的空氣，再睡上一個好覺，然後繼續前進。我認為成功就是生活，就是能夠享受生活的一切——既有歡樂和勝利，也有痛苦和失敗。

黛安妮認為，有一種不斷前進的欲望在推動著她。

「當我朝著一個目標努力時，這個目標又將我帶到一個新的高度，使我踏上了一條通往開闢新生活的道路。我並不是總知道自己在走向何處。前進中會發生各種事情，會出現不同的情況，甚至遇到災難，但道路也越走越廣。我有一個不變的信念，就是：『保持靈活應變的能力，在自己的人生經歷中，不放過任何一個成功的機遇。』」

黛安妮事業上的成功取決於她積極進取的精神。滿足現狀意味著退步。一個人如果從來不為更高的目標做準備的話，那麼他永遠都不會超越自己，永遠只能停留在自己原來的水準上，甚至會倒退。

生活中最悲慘的事情莫過於看到這樣的情形：一些雄心勃勃的年輕人滿懷希望地開始他們的「職業旅程」，卻在半路上停了下來，滿足於現有的工作狀態，然後漫無目的地遊蕩著人生。由於缺乏足夠的進取心，他們在工作中沒有付出百分之百的努力，也就很難有任何更好、更具建設性的想法或行動，最終只能做一個拿著中等薪水的普通職員。如果他們的薪水本來就不多，當他們放棄了追求「更好」的願望時，他們會做得更差。

不安於現狀、追求完美、精益求精的人，才會成為工作中的贏家。

> ☆
> 不管你在什麼行業，不管你有什麼樣的技能，也不管你目前的薪水多豐厚、職位多高，你仍然應該告訴自己：「要做進取者，我的位置應在更高處。」這裡的「位置」是指對自己的工作表現的評價和定位，不僅限於職位或地位。

兩「最」追求術：最出色最完美，你最具競爭力

在職場上，要讓你的身價值得相信，或者說想讓你的身價高得有點「離譜」，我們就必須讓自己擁有最強的競爭力。因為，擁有了無堅不摧的競爭力會讓你變得更有影響力，而隨著你影響力的提高，你的存在感就會提高，別人也會覺得你越來越重要。

試想，同樣是企業，一個是業內的龍頭，一個是業內的「兔尾」，誰更有影響力？顯而易見是龍頭企業。同樣，員工也是如此，公司內紅人的身價和普通員工的身價絕不是相同的。所以，你要讓自己的身價更高，除了上面的兩高為追求外，還要追求「兩最」，即做到最出色、追求最完美。

什麼叫最出色？最出色就是別人無法超越。我們平常說一個人身懷絕技就是說這個人已經把這項技術練得無人能超越了，這就是最出色。

最出色比出色更進一步，他是好了更好，直到讓自己無人能敵。而一個人真到

了無人能敵的地步，那麼他便擁有了最強的競爭力。

喬丹，NBA的巨星，之所以能稱得上是巨星，是因為跟別人相比，喬丹在打球方面有自己的絕活。

喬丹他的每一場球，都在爭取發揮出自己的最佳實力，打出最漂亮的球。他在空中的靈感無窮無盡，在空中的姿態無與倫比，能達到隨心所欲的境界。他最為得意的是空中閃躲和滯留技巧。

他的對手魔術強森說：「喬丹跟你一塊兒跳起來，他會把球放在腹下，等你落地了，他再投籃。」

這是他的一個絕活。更絕的是，他可以在空中任意改變方向，把防守者引誘到這邊來封阻，而他卻突然把球轉到那一邊上籃，把你耍夠了之後，他再心滿意足地上籃得分。

所以喬丹帶給球隊的，不僅是無與倫比的球技，更包括他對籃球打法的深入瞭解。他具有無與倫比的身體控制能力，好像魔術一般，能夠變幻出各式各樣的過人、控球、投籃技巧，總能在較低的位置運球。他的姿勢總是如在弦之箭，一觸即發！

☆不管是在職場還是球場，一個人要想最具競爭力，就得讓自己做到最出色。只有做到最出色，你才能變得更有實力，才能讓自己成為業內的佼佼者。像籃球比賽一樣，商業競爭也是如此。許多名列全球五百大的企業，一個關鍵理念，就是：要讓自己最具競爭力，就得讓自己領先對手半步。

人格修煉術：要優秀，就得在人格上勝人一籌

在職場，工作不僅是做事，更是做人。一個員工如果沒有優秀的人格，整天苦於和同事之間的斤斤計較，那他哪來的精力做事？又或者是這個員工不懂得誠實，做工作欺上瞞下，那工作又怎麼能做好？所以，我們要想把工作做到優秀，就得先讓自己的品格優秀。要知道這個世界上，優秀的人並不一定是有錢的人，而是那些在人格、品行道德上都勝人一籌的人。

雨果曾經這樣告訴我們：「世界上最寬闊的是海洋，比海洋更寬闊的是天空，比天空更寬闊的是人的心靈。」

寬容，是胸襟博大者為人處世的一種人生態度。寬容是一種美德，懷有這種美德的人將會避免很多不必要的精神困擾，始終懷有愉悅的心情去生活；寬容是一種境界，當寬容的行為一旦產生，我們的內心便會獲得永遠的安寧與平靜。

無論是生活中，還是工作中，我們都會碰上別人的為難。當面對別人的為難時，你會怎麼做？別人發火，你就火上澆油？還是別人發火，你卻熄火？

小剛是一家罐頭廠的經營者。有一家公司的採購員小羅，欠了罐頭廠七千元的啤酒款長期未付。一次，小羅來到罐頭廠，對小剛大發脾氣，抱怨他生產的罐頭品質越來越差，並說社會上罵聲一片，人們不會再買他們的罐頭。最後竟說出自己欠的那七千元錢也不付了，並表示他所在的公司及他本人不再採購對方的產品等。

面對這樣的情況，很多人或許早就火了，可是小剛沒有。

他先壓住自己的火氣，然後仔細詢問了小羅的一些情況。最後，小剛出人意料地向小羅賠起了不是，並真誠地告訴小羅：「你的意見，我會儘快處理。你欠的貨款，你如果不付，也就算了，誰叫我的罐頭一直不爭氣呢！你說今後你們公司和你本人不再買我的產品，這是你們的自由。你說我的罐頭品質有問題，我現在就給你介紹另外兩家有名的罐頭廠……」

小剛的一番話真誠坦率，大大出乎小羅的意料。最後小羅不但不再生氣，反而被小剛的真誠和坦率征服了。他當即決定自此不但繼續到該廠為其所在的公司採購罐頭，而且還動員了另外幾家分公司，常年向該廠採購罐頭。

古人云：「小不忍則亂大謀。」世上不平之事，比比皆是，若是事事計較、絲毫不讓，只會迷失我們的雙眼，讓我們的生活很不愉快，我們的心會更疲倦。

耶穌勸導世人「愛你的敵人」，讓我們儘量相信，每一個所謂的壞人都有他值得人同情和原諒的地方，寬恕別人所不能寬恕的，是一種最高貴的行為。

學會寬容，對於化解矛盾，贏得友誼，保持家庭和睦、婚姻美滿是至關重要的，同時，對你的工作也具有重要的推動作用。因此，寬容大度被認為是每一個組織成員不可缺少的品質。

有人說「商場即戰場」，所以在商業領域裡，不論對待同行還是同事，都應該時刻保持警惕，並想方法去超越。在職場，許多人就是按照這一原則去行事的，有些人甚至在競爭中使用不正當的手段以怨報德，對他人構成傷害。

☆

「成者王侯敗者寇」並不適用於競爭激烈的辦公室，因為不論勝敗如何，大家今後還是要在一起工作。試著讓自己擁有一顆寬容的心，讓心緒變得平和，使自己能理解別人，這樣無論成敗你都是英雄。學會寬容別人，就是學會善待自己，這是工作中最聰明的做法。逞一時之氣，永遠成不了大器。

主動迎戰術：讓你的優秀在對比中凸顯出來

在職場中，每個人都會遇到不公平的待遇。面對這樣的情況，我們除了讓自己保持良好的心態外，更重要的是讓自己及時採取行動，讓自己主動出擊。只有主動出擊，我們才能早日走出困境，並且只有主動出擊，我們才能和那些被動的人形成對比，讓自己的優秀在對比中一步步顯現出來。

隨著越來越激烈的競爭，現代職場的資源越來越有限。一個人只有主動出擊，才能掌握更多的機會，才能獲得主動權，也才能獲得更好地發展空間。那些被動等待機會的人，到最後只能失去機會，因而最後被別人掌控。

現代社會，資源是有限的，機會和職位也是有限的。如果一個人不懂得主動把握機會，那麼，到最後，連著有限的資源，他都得不到。所以，面對日益激烈的競爭，我們必須改變思維，變被動為主動，在主動中掌握先機。具體做法就是：你首先讓自己學會比別人多付出，讓自己的優勢透過「多」表現出來。紐約的一家出版公司曾經有這樣一個非常著名的故事：

傑諾大學畢業時，到了這家出版公司工作。當時，出版社正在進行一套叢書編輯，每個人都很忙，經理更沒有時間安排傑諾具體的工作。於是傑諾成了「萬金油」，業務部、編輯部、印刷部……哪裡需要，他就被指派到哪裡。他毫無怨言，總是把每一樣工作都做得盡善盡美。

「你真是傻瓜，這樣被別人指來派去的，做了那麼多事，最後連自己的獎金到那個部門領都不知道。」有人這樣嘲笑傑諾。

傑諾只是笑笑，依然認真地去做每一件事情。

也有人挖苦他說：「你真是沒出息，每天比誰做得都多，卻都是一些雞毛蒜皮的小事，你這樣做再長時間也是沒有成果的。」

的確，傑諾做的事很瑣碎，包書、送書、取書、郵寄、聯絡……這些事情，表面上看來的確不值得一個大學生去全心投入。然而，傑諾不這麼認為，他認為每一件工作都是有意義的，認真去做，就一定會有收穫。因為他的用心和努力，每一個給他指派工作的人都對他很滿意。

三年後，傑諾被提拔為發行部主管時，很多人都感到意外。公司總裁的話讓大家幡然醒悟，他說：「傑諾在每一件事情上都比別人多做一點，所以他學會了所有部門的工作，熟悉了所有部門的經營管理。這一點，整個出版社沒有一個人趕得上他。」十年後，老總裁退休時，曾經的「萬金油」——傑諾出任了公司總裁。十五年後，傑諾成立了自己的出版公司，並取得了非凡的成就。

初入職場，很多人都會遇到和傑諾類似的情況：待遇低、工作雜、不受重視、被人嘲笑。他們要麼埋怨不斷，牢騷不停；要麼不斷跳槽。結果既沒有累積下多少經驗，也沒有什麼突破，幾年後甚至幾十年後，他們依然無所作為。

而傑諾不同，面對低待遇，儘管比別人多做很多，但他毫無怨言，依然把每一件事做好，結果，三年後他成了主管，十年後他成了總裁，十五年後有了自己的公司。

傑諾的故事告訴我們，要想在激烈的競爭中脫穎而出，就必須「比別人多做一點」，就必須修煉一身能夠驅動自我的「好功夫」。因為只有能夠驅動自我的人，才更容易有卓越的表現。

只要能掌握成功的祕訣，你就能夠登上卓越的峰巔。成功的祕訣自古至今，千口千言，但傑諾的故事讓我們深刻地瞭解到，成功的不二法則是：比別人多做一點。

☆我們知道要成為職場中的「鳳毛麟角」，要在芸芸眾生中如鶴立雞群，要成為不可替代的人，要活出屬於自己的精彩，就要不遺餘力地在工作職位上展示自己的才華和忠誠，就要竭盡全力比別人多做一點。

全方位人際×交往 心理學

CHAPTER 5

展現你值得信賴的態度心理學

用謙虛的話和別人打交道

自古以來人們視謙虛為美德，雖然有人將其視為「虛偽」，但不謙虛的人還是很難獲得大家的一致認同。

我們心裡面可以很自信，多數時候還是要謙虛一些，尤其是要用謙虛的態度和人說話。首先是不目空一切、居功自傲。有的人做出一點成績、取得一點進步，就飄飄然起來，跟誰說話都趾高氣揚，到處誇耀自己，搞得大家都為之側目。

小楊是一家廣告公司的職員，他設計的一件平面廣告作品得了一項大獎，經理在員工會上好好表揚了他一番，並讓他升任主管。小楊認為自己是個高手了，從此以「專家」自居。一次經理接到一個平面設計任務，請小楊來評價評價。小楊唾沫飛濺地說了半個小時，批得體無完膚，最後結論是：應該退回重做。經理對這個設計本來比較滿意了，聽了小楊的話極不高興，從此疏遠了他。

又過了兩年，公司裡另一個職員小石也得了廣告大獎。他吸取了小楊的教訓，說話非常謙虛，態度和善，很得大家喜歡。

其次，要適當使用敬語。敬語能表現說話者對對方的態度，因此，對聽話者來說，可以根據對話是否使用敬語，瞭解到對話人把自己置於什麼地位。例如，科長想請新職員去喝酒，叫道：「你也來吧！」如果職員回答「好，我去」會怎樣呢？科長會認為新職員不理解對上司應使用的語言，看低了自己，內心是不會平靜的。這樣一來，科長就會用另一種眼光看他。由於沒有使用敬語，招致對方改變對自己的態度，日後人與人之間的關係將會變得微妙。

常常聽到有人說「近年來年輕人連敬語的使用方法都不知道，真糟糕」，這就是雖然本人沒有惡意，但由於沒有使用適當、確切的敬語，致使人與人之間的關係產生了風波的明證。

與其相反，使用適當的敬語，雙方不僅能正常地保持人際關係，還會提高別人對你的評價。特別是對女職員來說，更是如此。有人說：「適當的時候，使用適當的敬語對女性來說，是語言之美的至高境界。」的確這樣。想想看，與前述相同的場面，如果對於「你來！」回答說：「好，一定參加。」就會使人多少有些美感。

心目中對上司抱著什麼態度，從語言中可以大體看出來。這種語言的運用，可以協調上級與部下、年長者與年輕者之間的關係，使聽的人感到甜美。因為那種語言會使人感覺到有教養，感情豐富，教育得好。

最後，要請人評判自己的意見。我們可以看到，有許多真正偉大的人物，總是很謙虛地請別人評判自己的意見，因而獲得別人的贊同。以謙虛的態度表示獨斷的見解，對使別人信任我們的意見及計畫都很有效用；我們知道多數成功的領袖，常常應用這個策略。

有的時候也需要爭辯。比如兩個喜歡辯論的朋友，經過一次的辯論，也許對於雙方都是有益而愉快的。總之，別人可能在種種方面與我們意見不致，這是可以預料的事情，你如果認為和他爭辯之後，還能請他來評判一下自己的意見，他就會認為你是個謙虛的人，而對你的印象更為良好。

☆人們都喜歡說話態度謙虛和善的人，討厭態度傲慢、似乎高人一等的人。如果想得到別人喜歡，說話態度謙虛必不可少。不目空一切、居功自傲，適當使用敬語，請人評判自己的意見，這是態度謙虛的主要方面也是基本要求，做到了，也就討得了別人喜歡。

上司私事是不能說的祕密

下屬不注意保守祕密，就得小心被「炒了魷魚」。而如果你洩漏了重要資訊，還有可能被繩之以法，追究法律任。而在日常工作中，有些事務雖不會造成嚴重的損失，也會帶來不好的影響。

小孫是某大學電腦系的祕書。他們系評聘講師，由於名額有限，系主任便根據思想、教學、研究、實踐能等幾方面的條件，對申報者進行評估，優者先聘。有個教師跟小孫關係不錯，便想探個究竟，問自己的希望怎樣。小孫面帶微笑地說：「這個我可不清楚，再說這事你還用問我嗎？你的教學、研究成績好，你就排在前面；要是成績普通，不就排在後面嘛。」很委婉地回絕了對方。

《潛伏》中的余則成是吳站長敲詐外財的知情者，也算是「共犯」。無論出於哪一方面的考慮，他都不會輕易向別人透露此事。一則此事與他也有牽連，更為重要的是這樣一件「站長的私事」怎麼能夠輕易外洩呢！當馬奎拐彎抹角的詢問站長和漢奸穆連成的關係時，余則成則裝聾作啞，他一方面想誤導馬奎繼續「錯上加錯」，另一方面還是遵循這條職場潛規則：保守祕密是下屬的職責。

這些祕密可能是上司們的私事，也可能是公司的機密。上司的祕密可能關係到他的聲譽與威望，而公司機密就關係到整個公司的存亡興衰。所以做下屬的一定要牢記病從口入、禍從口出的道理。對這些祕密守口如瓶。假如你思想鬆懈、隨隨便便說了不該說的話，或者無意地造成洩密。可能會使上司的工作處於被動，帶來不必要的損失；而更嚴重的情況下則會給企業造成莫大的傷害，造成不可挽回的影響。

小孫假如為了人情和盤托出，勢必會引起各種麻煩，擾亂評比的秩序。而系主任就會遇到工作上的麻煩。要是追究起來，肯定會遷怒與小孫。而自此以後，也就不會再信任他。這樣的祕密就屬於單位祕密，是絕對不能傳播的。而上司的私人祕密也是禁區。

上司也是普通人，他的個人生活也會有很多的隱衷，行事為人也有自己的特點。作為下屬，你可能每日都在同上司打交道，熟稔他的各種言行舉止、脾氣愛好、行事作風，也就有機會瞭解他的各種私事。你應該把為上司的個人隱私保密作為自己的隱私來做。避免使他處於尷尬的境地，這不僅是對上司的一種愛護，更是對上司人格的一種尊重。如此你才能獲得他的信任。

其次，你千萬不要傳播上司的工作失誤。任何人都會有犯錯誤候，上司在工作上犯錯也是在所難免。作為下屬，協助上司總結經驗教訓才是你該做的。而四處傳播這一事件只會給上司臉上抹黑，假如他發現你是這些流言飛語的發源地，你的後果如何可想而知。

與上司之間若缺乏聯繫，會使雙方愈來愈不信任和不尊重，更重要的是會很大地影響到你加官晉爵的機會。即使你與上司互相不欣賞，但處處表示你的支援，多少可以贏得上司對你的尊重。多考慮以下的問題：上司最需要什麼資料？怎樣可以幫助他？你以往犯過什麼錯，將來可以避免嗎？對你必有裨益。

與上司保持經常性的接觸，以便保持良好的溝通是取得信任並得以升遷的必不可少的工作。這種技巧十分微妙，給上司簡潔、有力的報告，切莫讓淺顯和瑣碎的問題煩擾他或浪費他的時間，但重要的事必須請示他。

有一些時候，領導者做出的決定與你的想法大相徑庭，你思想上有時可能會想不通，但是，雖然有太多的疑慮，你也必須首先去執行領導者的決定，因為領導者的一切決策都有待於下屬的擁護和支持。

你可以私下裡找領導者交流一下思想，瞭解一下他究竟是出於何種考慮、何種目的，才做出讓你如此出乎意料的決定。

也許領導者的決定是出於整體大局的考慮，也許決定有某種特殊的用意，也許決定本身是錯誤的，根本沒有什麼道理可言。瞭解了這些情況，在自己的工作中，你才能知道自己該怎樣做，該如何做。

每個領導者由於其學歷、修養、性格、興趣和閱歷的差異，決定了他們的工作方法和思維方式存在著這樣、那樣的不同。如果你不懂得經常與他們溝通，瞭解他們的性格與氣質，不懂得與不同的領導者相處要採取不同的方法，就難免會受到一些阻礙。如果他是一個性格非常爽朗、不拘小節的人，而你卻總是在與他的談話中，在一些小事上糾纏不清，他難免會對你產生一些看法。

> ☆
> 許多場合、許多情況都是你瞭解公司意圖和想法的途徑。如果你對此視若無睹，那麼領導者想的到底是什麼，你也就無從知曉。這樣一來，你就無法配合領導者協調工作，也就無法完成工作任務，實現工作目標。

用你的「雙耳」去說服他人

能說會道的人最受歡迎，善於傾聽的人才真正深得人心。話多難免有言過其實之嫌，或者被人形容誇誇其談，言過其實。靜心傾聽就沒有這些弊病，倒有兼聽則明的好處。用心聽，給人的印象是謙虛好學，是專心穩重，誠實可靠。所以，有時候用雙耳聽比說更能贏得他人的認可和讚譽。

傾聽，不僅要傾聽別人的聲音，也要傾聽平時少為人聽或不為人聽的聲音，因為那裡面也許藏有珍寶。學會傾聽，發掘生活中的小祕密，這就是許多走向成功的祕訣。

一個農場主人在巡視穀倉時不慎將一隻名貴的金錶遺失在穀倉裡，他找了好久也沒有找到，便回家要自己的幾個兒子都出來繼續找。兒子們聽說父親的金錶丟了，心裡都很著急，於是立刻來到穀倉，開始賣力地四處翻找。無奈穀倉內穀粒成山，還有成捆成捆的稻草，要想在其中找尋一隻金錶如同大海撈針。

兒子們一直忙到太陽下山，仍然沒有找到金錶，他們不是抱怨金錶太小，就是抱怨穀倉太大、稻草太多，最後他們一個個都放棄了，陸續離開。這時，只有農場主人的小兒子在眾人離開之後仍不死心，努力地尋找。

他已經整整一天沒有吃飯了，希望在天黑之前能找到金錶。因為父親平時最寵愛的就是他，但總是把他看成小孩子，其實他已經十四歲了，已經是小大人了，他要證明自己。天越來越黑，整個穀倉寂靜無聲，安靜得有些讓人害怕，可是小兒子仍然堅持在穀倉內繼續尋找。突然，他隱約聽見穀倉內似乎有一個奇特的聲音「滴滴」響個不停。小兒子頓時屏住呼吸，此時的穀倉更加安靜，那聲響清晰可聞。沒錯，那就是父親丟失金錶走動的聲音！小兒子尋聲找到了金錶，最終得到父親的讚揚和肯定。

生活的法則並不是那麼煩瑣，而之所以掌握它的人很少，是因為多數人認為這些法則太簡單，沒有動手去做。生活的小祕密猶如穀倉內的金錶，早已存在於我們身邊，散佈於人生的每個角落，只要執著地去尋找，並且仔細傾聽和觀察，就能洞察其中的玄機，成為生活的主人。

辛格曼．佛洛德要算是近代最偉大的傾聽大師了。一位曾遇到過佛洛德的人，描述著他傾聽別人時的態度：「那簡直太令我震驚了，我永遠都不會忘記他。他的那種特質，我從沒有在別人身上看到過，我也從沒有見過這麼專注的人，有這麼敏銳的靈魂洞察和凝視事情的能力。他的眼光是那麼謙遜和溫和，他的聲音低沉，姿勢很少。但是他對我的那份專注，他表現出的喜歡我說話的態度——即使我說得不好，還是一樣，這些真的是非比尋常。真的無法想像，別人像這樣聽你說話所代表的意義是什麼。」靜聽他人的聲音，並透過這種靜聽打開生活的玄機，既是對人世的通明，也是對人生的洞徹。

在辦事過程中，如果你認真聆聽別人說話，可以獲得以下好處：

一、聆聽可以幫助你正確地下判斷

如果你沒有專心聆聽對方的談話，就無法正確地判斷他的想法；不能正確地判斷他的想法，就根本不能夠利用他的想法創造對自己有利的狀況。

二、聆聽能使你更加理解別人

如果你不能理解對方的談話，你就不可能使事情很有條理地進行。而你能不能理解對方的談話，完全取決於你有沒有專心聆聽對方的談話。

三、透過聆聽你可以影響對方

當你聆聽別人說話的時候，你可以思考出如何影響他的方法。你為對方提供說話的機會，就是讓對方把說服他所必備的利器交到你的手中。但是，你必須記住，為了影響別人而聆聽他人說話時，不能有先入為主的觀念，而必須敞開胸懷仔細聆聽才可以。善於積極聆聽別人說話，這樣才能夠大大提高你的辦事效率。

☆ 從現在開始，對別人多聽多看，將他們當作世上獨一無二的人對待，你將發現你比以往任何時候更善於與人溝通。

每天向周圍的人問聲「早安」

不管你昨天睡得多晚，有多累，在早起後，在這新的一天裡，你都要精神百倍地向你周圍的人問聲「早安！」尤其要向你的老闆和同事問聲「早安！」

也許你認為說早安是很簡單的事，或者沒有這個必要。有些人向別人道早安時連身邊的人都聽不到，或蜻蜓點水似的一帶而過，有的則極不情願，毫無感情色彩地例行公事而已；有的看一眼別人便一聲不響地坐下。

問聲「早安！」就是打破從昨天下班之後到今天早上一直處於停頓狀態的同事關係，重新開始新的一天的人際關係，所以這是一個很重要的行為。

你如果希望在新的一天當中，自己的人際關係更加圓滿新鮮，無論如何都要清新、明朗地和周圍的人道早安！

有這樣一個小故事，說明了「早安！」的作用。

在去芝加哥上班的路上，整車的人誰也沒有講話，大家忙著滑手機，彼此保持著距離。汽車在樹木光禿、融雪灘灘的泥濘路上前進。

「注意！注意！」突然一個聲音響起。

「我是你們的司機。」他的聲音輕快，車內鴉雀無聲。

「請你們全都把手機放下，現在轉過頭去面對著坐在你身邊的人。」

大家全都照做，但沒人露出笑容，這是一種從眾的本能。

「現在，跟著我說……早安，朋友！」

大家跟著說完，卻情不自禁地笑了出來。

一直以來怕難為情，連普通的禮貌也不講，現在靦腆之情一掃而空，彼此的界限消除了。有的人又說了一遍早安後，彼此握手、大笑，車廂內洋溢著笑語歡聲……

「早安，朋友！」四個字一出口，奇蹟出現了：彼此的界限消除了。

為什麼這四個字有如此巨大的魔力呢？

「早安！」不僅僅是一句問候語，更是親善感、友好感的表示，更是一種信任和尊重。「早安」一旦說出了口，雙方都有了親切、友好的願望，彼此間的距離縮短了，不僅增進了信任，還溝通了關係。

行走職場中，我們應該學會輕鬆地與人打招呼，不僅如此，還應該學會跟人聊一些親切的話題。比如：「天真熱啊！真想跳到游泳池裡涼快涼快！」、「今天真累，好好地休息一下吧，明天再努力幹！」

像這樣的話題，既輕鬆自然，又不失禮節。

如果有一天，一位泛泛之交的點頭同事向你說了上面的問候語，你一定會先感到驚訝，然後喜形於色吧。說不定這一問候語就是你倆友誼的開端，讓你們成為無話不談的好朋友呢。

如果你特意讚美了別人，那就更加錦上添花了。比如：「今天的領帶真漂亮！是你太太專門為你挑選的吧？」、「最近你好像幹勁十足，好好加油吧！」像這樣的話題，自然輕鬆，平易近人，足以讓對方聽後心裡會非常開心的。

> ☆
> 工作一天的開始，同事之間剛見面的第一句話，幾乎百分之百是常用的禮節性問候語，真摯親切的問候，對於加深同事間的感情具有至關重要的作用。

喚醒沉睡的自信

布魯斯・巴頓曾經說過：「只有那些敢於相信自己內心有某種能夠戰勝周圍環境的人，才能創造輝煌。」因而，成功人士與失敗者之間的差別就是：成功人士始終用最積極的思考、最樂觀的精神和最輝煌的經驗支配和控制自己的人生。一般人都認為不可能的事，你卻肯向它挑戰，這就是成功之路了。信念和想像力的強弱是阻止人們內心無限發展的唯一限定。相信你是天生的贏家。

美國哲學家羅爾斯說過：所謂信心，就是我們能從自己的內心找到一種支援的力量，足以面對生或死所給我們的種種打擊，而且還能善加控制。凡是能找到這種力量，因而無論是生或死都能制勝的人，必是非常快樂的！

曾經有心理學家做過這樣的實驗。他們從一個班的大學生中挑出一個最愚笨、最不招人喜愛的女孩，要求她的同學改變以往對她的看法，大家也真的打心眼裡認定她是位漂亮聰慧的女孩。不到一年，這位女孩便奇蹟般變得漂亮了起來，氣質也跟以前的她判若兩人。她對人們說，她獲得了新生。確實，她並沒有變成另外一個人，然而在她身上卻展現出每一個人都蘊藏的美，這種美只有建立在強烈的自信心上，才會展現出來。

自信是一種天賦，天下沒有一種力量可以和它相提並論。一顆小小的信心可以移動巨大的山峰。所以有信心的人，沒有所謂不可能的。他們會遭遇挫折危難，但他們不會灰心喪。

希爾認為一個人是否能夠成功，就看他的態度了。但有些人總喜歡說，他們現在的境況是別人造成的。環境決定了他們的人生位置。但是，我們的境況不是周圍環境造成的。說到底，如何看待人生，由我們自己決定。納粹德國集中營的一位倖存者維克托・弗蘭克爾說過：「在任何特定的環境中，人們還有一種最後的自由，就是選擇自己的態度。」

美國參議員艾摩・湯瑪斯小時候一點也不優秀，甚至還很自卑，但他最後卻克服了自卑心理成為著名的參議員。

十六歲時，他經常為煩惱、恐懼、自卑所苦。他實在長得太高了，卻瘦得像根竹竿。同伴們開玩笑，都喊他「瘦竹竿」。為此，他十分自卑，幾乎不敢見人。

後來他進了中央師範學院，身上穿的是母親為他縫製的一件棕色襯衫，腳上穿的鞋子是父親的，由於鞋子很大，一走起路來就像要從腳上掉下來一樣。他還有一套西裝，本來也是父親的，所以也不合身。因為這些，他覺得很不好意思，不敢和其他學生打交道，整日獨自坐在房裡看書。當時他最大的願望就是，希望能買一些商店中出售的衣服，合身且不會讓他感到羞恥。

過了沒多久，發生的四件事幫助他克服了他的憂慮和自卑感，其中一件事甚至給了他勇氣、希望和信心，並完全改變了他以後的生活。他把這幾件事簡單描述了一下。

第一件事：他參加了一項考試，獲得一紙「三等證明」，使他可以在鄉下的公立學校教書。雖然這張證書的期限只有六個月，但它表示某人對他有信心。

第二件事：一所位於「快樂谷」地方的鄉村學校的董事會聘請了他，每天薪水兩美元，月薪四十美元。這表示有人對他更具信心。

第三件事：在他領到第一次薪水之後，他在店裡買了一些衣服，穿上它們，使他不再感覺羞恥。

第四件事：也是他生命中真正的轉捩點，在克服憂愁和自卑感的奮鬥中他第一次勝利了。在印第安那州班橋鎮舉行的一年一度的「普特南郡博覽會」上，他參加一項公開演說比賽，並且獲得了第一名。

再後來，從迪保大學獲得學士學位之後，他來到奧克拉荷馬；申請了一塊土地，在羅頓市開設了一家法律事務所；他在州參議院服務了十三年，在州下議院服務了四年；五十歲那年，他實現了一生中的最大願望：從奧克拉荷馬被選入美國參議院。

想當初，在他穿著父親的舊衣服和那雙幾乎要脫落的大鞋子時，煩惱、羞怯、自卑幾乎毀了他的一生。所幸他及時從自卑中走了出來，最後才能取得那麼輝煌的成就。

自信的態度在很大程度上決定了我們的人生，我們怎樣對待生活，生活就怎樣對待我們；我們怎樣對待別人，別人就怎樣對待我們；我們在一項任務剛開始時的態度決定了最後有多大的成功，這比任何其他因素都重要；人們在任何重要組織中地位越高，就越能達到最佳的態度。

人的地位有多高，成就有多大，取決於支配他的思想。消極思維的結果，最容易形成被消極環境束縛的人。成功之路是信念與行動之路。沒有自信，人們便失去成功的可能。自信是人生價值的自我實現，是對自我能力的堅定信賴。失去自信，是心靈的自殺，它像一根潮濕的火柴，永遠也不能點燃成功的火焰。許多人的失敗不是在於他們不能成功，而是因為他們不敢爭取，或不敢不斷爭取。而自信則是成功的基石，它能使人強大。

信心就存在於你的體內，是與生俱來的。只是現在我們陷於一種複雜混亂的狀態，把運用信心認為是一種冒險，所以不敢嘗試而已。

我們需要生活的動力來征服心頭的紛擾、折磨、缺陷。我們本來很軟弱，所以需要力量來支援，信心更能使我們堅強。

自信能最大限度地影響我們的生活、事業以及一切，並能讓你成大事。脫穎而出者，是一個才華橫溢、能力超群之士，那麼你肯定可以盡情發揮你引以為豪的天賦，最終，成為一位成功者。

與金錢、勢力、出身、親友相比，自信是更有力量的東西，是人們從事任何事業的可靠的資本。自信能排除各種障礙、克服種種困難，能使事業獲得完滿的成功。

☆

有的人最初對自己有一個恰當的估計，自信能夠處處勝利，但是一經挫折，他們卻半途而廢，而是因為自信心不堅定的緣故。所以，光有自信心還不夠，更須使自信心變得堅定，那麼即使遇著挫折，也能不屈不撓，向前進取，絕不會因為一遇困難就退縮。

時刻告訴自己「我是第一」

你在生活中你敢不敢說「我是第一」呢？回答這個問題並不困難。如果你是一個渴望成功的人，並且意識到以自信為中心是成功的基礎的人，請回答：「當然，我就是第一。」為什麼一定要是第一呢？因為你本來就是第一。至少，你要在意識中播種爭第一的信心，這樣，你才會真正成熟起來。記住！生活需要自信。

無數令人尊敬的成功者，都曾宣稱自己是第一人物。是不是第一無需深究，關鍵是他們的確取得了非凡的成就。相信基安勒的故事對你一定有所啟發。

基安勒很小的時候隨母親從義大利到了美國，在汽車城底特律度過了悲慘的童年，痛苦和自卑成為他的不良印痕。

他那碌碌無為的父親告訴他：「認命吧，你將一事無成。」

這個說法令他沮喪，他老是想著自己苦悶的前程。

有一天，母親告訴他：「世界上沒有誰跟你一樣，你是獨一無二的。」

從此，他燃起了希望之火，他認定他是第一，沒人比得上他。

自信奠定了成功的基礎。他第一次去應徵時，這家公司的祕書要他的名片時，他遞上一張黑桃。結果立刻得到面試的機會。

經理問他：「你是黑桃？」

「是的。」他說。

「為什麼是黑桃？」

「因為黑桃代表第一，而我剛好是第一。」

這樣，他被錄用了。

想知道後來的基安勒嗎？他成功了，真的成了世界第一。

他一年推銷一千四百二十五輛車，創造了金氏世界紀錄，怎麼樣？第一的威力厲害吧？基安勒每天臨睡前都要重複幾遍說：「我是第一。」然後才入睡。這種鼓舞性的暗示堅定了他的信心和勇氣。他的個性得到了有力的強化。

沒有任何一個人，可以把什麼都做得完美無缺。因此，我們要相信自己，只要充分發揮自己的優勢，就能夠在一定的領域取得相應的成就。我們應當像基安勒那樣，時時提醒自己「我是第一」，趕走自卑，喚醒自己沉睡的自信。

不要總是過多地關注自己不利和消極的一面，而應看到有利和積極的一面。這就要求我們客觀地分析對自己有利和不利的因素，尤其要看到自己的長處和潛力，正確地認識自己，瞭解自己在現實生活中所扮演的角色；挖掘自身的潛力，確立將來要達到的目標，並且為這個目標而努力。切記：要別人看得起自己，先要自己看得起自己。

當你好不容易買到一件心儀已久的衣服時，你一定很開心吧。但是，可能你很快又不高興了。為什麼呢？因為你發現大街上跟你穿一模一樣的衣服的人實在是太多了。當初就是因為你覺得款式新穎，風格獨特才買的這件衣服，可是現在……

其實這種現象在生活中很常見。一位學者講了自己的一段生活體驗：

四年前他剛回老家時，第一個想到要買的就是一部車。經過一段時間的評估後，他決定買一部墨綠色的中型轎車。當時他的印象是一般人的車都是白色或黑色，所以認為自己的選擇很獨特，而且又很有品味。

正在為自己能買到一部與眾不同的車而沾沾自喜時，他突然發現不論是在高速公路上、小巷子裡，甚至是在他住的大樓停車場中，都看到許多與他同型而且是墨綠色的轎車。他開始覺得很奇怪，為什麼大家突然間都開始買墨綠色的車，所以他就把他的觀察與同事們分享。

有一位女同事當時正好懷孕，聽他講完後就說：「我倒是沒有看到很多墨綠色的車。可是最近我發現，無論在哪裡都會看到孕婦。我記得上個星期天在逛百貨公司時，短短兩小時就看到六個孕婦，我們人口出生率最近是不是有提高呢？」

他與其他同事異口同聲地都說沒發現孕婦有增加的現象，她看到那麼多大概是很湊巧。其實這位學者講的這種現象在心理學上叫做「視網膜效應」。簡單地說，這種效應的意思就是當我們自己擁有一件東西或一項特徵時，我們就會比平常人更加注意別人是否跟我們一樣具備這種特徵。

「視網膜效應」對人們有什麼影響呢？卡內基先生很久以前就提出一個論點，那就是每個人的特質中大約有百分之八十是長處或優點，而百分之二十左右是我們的缺點。當一個人只知道自己的缺點是什麼，而不知發掘優點時，「視網膜效應」就會促使這個人發現他身邊也有許多人擁有類似的缺點，進而使得他的人際關係無法改善，生活也不快樂。你有沒有發現那些常常罵別人很凶的人，其實自己脾氣也不太好？這就是「視網膜效應」的影響力。

☆一個人要人緣好，要受人歡迎，一定要養成欣賞自己與肯定自己的能力。因為在「視網膜效應」的影響下，一個看到自己優點的人，才會看到他人的可取之處。
能用積極的態度看待他人，往往是良好人際關係的必備條件。所以，從現在起，學習欣賞自己的優點和長處吧！

積極是永不服老的「年輕態度」

每個人都希望自己永遠年輕，因而在祝福別人的時候，我們常常會說：「青春永駐，永遠年輕。」但一個人的生命從年輕到衰老，是無法抗拒的自然規律，為了能延緩衰老，讓自己多擁有一些年輕時光，人們追尋各種養生祕方，保健品、保健器械、化妝品、醫療美容……過分關注外在，卻忽略了保持青春的另一個重要方面：保持一顆年輕的心。

一個人年輕與否，除了他（她）的生理年齡和外表，更重要的是他（她）的心理年齡，即是否擁有年輕的心態。如果你只是有一個年輕的外表，而失去一顆年輕的心，那你的「年輕」也不會保持多久。保持年輕的心態並不意味著要放棄做一個成年人，回歸孩童的幼稚，而是要求我們對待現實的心態更積極一些、熱情一些。

對於一個積極生活、熱愛生命的人來說，年齡只是一個數字。你若認為自己衰老，就會變得老氣橫秋；你若認為自己年輕，就會變得生機勃勃。歲月只能在人的皮膚上留下皺紋，失去對生活的熱情才能使人的心靈起皺紋。人的一生必然從青年走向老年，只要珍惜和把握，無論在哪一個年齡段，都可以創造人生美景。

美國前總統克林頓在白宮辦公桌的玻璃板底下壓著一張便條，上面寫著：「年輕，只是一種心態。」克林頓以此來不斷鞭策自己，始終以飽滿的精神投入工作。

麥克阿瑟是美國歷史上卓有成就的一名五星上將，同時也是獲得功勳最多的軍人之一。他投身軍旅五十二載，身經兩次大戰，時時刻刻都以「責任、榮譽、國家」為念。他的名言「老兵不死，只有逐漸凋零」在人們心中留下了深遠的影響。

麥克阿瑟一生都十分有自信、滿懷希望、積極而不疑慮。他晚年時，發表了一篇關於年輕的文章：「年齡使皮膚和靈魂起皺紋，並使你放棄興趣、愛好，你有信仰就年輕，你若疑慮就年老；你有自信就年輕，你若恐懼就年老；你有希望就年輕，你若絕望就年老。在心底深處藏有一間記錄室，如果永遠收到美麗、希望、愉快和勇氣的訊號，你就永遠年輕；當你的心房被悲觀和怯懦主義所掩蔽，你就只有漸漸變老，漸漸凋零了。」

無獨有偶，撒母爾．尤爾曼，一個大器晚成、七十多歲才開始寫作的作家，在作品《年輕》中這樣寫道：「年輕，不是人生旅程中的一段時光，也不是紅顏、朱唇和輕快的腳步，它是心靈中的一種狀態，是頭腦中的一個意念，是理性思維中的創造潛力，是情感活動中的一股勃勃生機，是使人生春意盎然的源泉。」

年輕，意味著放棄固執和享受而去開創生活，意味著具有超越羞澀、怯懦的膽識和勇氣。這樣的人永遠不會服老，即使到了六十歲也不遜於二十歲的年輕人。沒有人僅僅因為時光的流逝而衰老，只有放棄了自己的理想，消極面對世事的人才會變為真正的老人。

歐陽自畢業後，一直在小鎮上教書。因為離農村老家不遠，每隔一段時間便要回家看望父母。在回家的路上，他經常會碰到范爺爺專心致志地在他的那塊蔬菜地裡忙碌著。他七十多歲了，耳不聾，眼不花，筋骨好得很，將那菜園打理得很好。他還經常將菜挑到附近的小鎮上去賣，換些生活費。因為種得多，賣不了、吃不完，他就經常送些給左鄰右舍，連歐陽這個「村外人」也好幾次受到了他的「恩惠」，因此心中特別過意不去。

歐陽主動地跟他打招呼：「范爺爺，您都七十多歲了，兒孫都已成家立業了，您也該享享清福了！」

誰知他一拍大腿：「我年紀不大，才七十八歲，年輕得很呢！」說完，朗聲大笑，擔起水桶澆水去了。

因為有追求，近八十歲的老人不覺得自己蒼老，每天忙碌在田頭。歲月不可避免地在你的皮膚上留下蒼老的皺紋，但若保持熱情，歲月就無法在心靈上刻下痕跡。無論是七十歲還是十七歲，每個人的心裡都蘊藏著奇蹟般的力量，都會對進取和競爭懷著孩子般的無窮無盡的渴望。

在每個人的心靈之中，都擁有一個類似無線電臺的東西，只要能源源不斷地接收美好、希望、歡樂、勇氣和力量的資訊，你就會永遠年輕。

> ☆
> 永遠年輕的狀態是需要用對生活的熱情和對人生的挑戰保持的，否則，你的心便會被冷漠和悲觀絕望所覆蓋，哪怕只有二十歲，你也會衰老。但如果你永遠保持熱情，捕捉每一個積極進取的音符，那你就會有希望在古稀之年依然年輕。

積極自我暗示，重塑成功形象

積極的自我暗示，是對某種事物的有力、積極的敘述，這是使我們正在想像的事物堅定和持久的表達方式。進行肯定的練習，能讓我們開始用一些積極的思想和概念來替代我們過去陳舊的、否定性的思維模式，這是一種強有力的技巧，一種能在短時間內改變我們對生活的態度和期望的技巧。

約翰．伍登在自己四十年的教練生涯中，他所帶領的高中和大學球隊獲勝的機率在百分之八十以上，在全美十二年的籃球年賽當中，他所帶領的球隊曾替加州大學洛杉磯分校贏得十次全國總冠軍。如此輝煌的成績，使伍登成為大家公認的有史以來最稱職的籃球教練之一。

曾經有記者問他：「伍登教練，請問你如何保持這種積極的心態？」

伍登很愉快地回答：「每天我在睡覺以前，都會提起精神告訴自己：我今天的表現非常好，而且明天的表現會更好。」

「只有這麼簡短的一句話嗎？」記者有些不敢相信。

伍登驚訝地問道：「簡短的一句話？這句話我可是堅持了二十年！重點和簡短與否沒關係，關鍵在於你有沒有持續去做，如果無法持之以恆，就算是長篇大論也沒有幫助。」

伍登教練不僅在工作中時刻保持積極的心態，在生活中他也是一個積極樂觀的人。例如，有一次他與朋友開車到市中心，面對擁擠的車潮，朋友感到不滿，繼而頻頻抱怨，伍登卻欣喜地說：「這真是個熱鬧的城市。」

朋友好奇地問：「為什麼你的想法總是異於常人？」

伍登回答說：「一點都不奇怪，不管是悲是喜，我的生活中永遠都充滿機會，這些機會的出現不會因為我的悲或喜而改變，只要不斷地讓自己保持積極的心態，我就可以掌握機會，激發更多的潛在力量。」

積極的心態能夠催人上進，激發人潛在的力量。時刻鼓勵自己，給自己積極的暗示，有助於我們走出困境，保持積極進取的精神。

自我暗示有很多種方法：可以默不作聲地進行，也可以大聲地說出來，還可以在紙上寫下來，更可以歌唱或吟誦，每天只要十分鐘有效的肯定練習，就能改變我們許多年的思想習慣。但歸根到底，是一種積極心態在起作用。

摩拉里在很小的時候，就夢想站在奧運會的領獎臺上，成為世界冠軍。一九八四年，一個機會出現了，他成為全世界最優秀的游泳者，但在洛杉磯奧運會上，只拿了亞軍，夢想並沒有實現。

他沒有放棄希望，仍然每天堅持刻苦訓練。這一次目標是一九八八年韓國漢城奧運會金牌，他的夢想在奧運預選賽時就煙消雲散，他竟然被淘汰了。

帶著失敗的不甘，他離開了游泳池，將夢想埋於心底，跑去康乃爾念律師學校。有三年的時間，他很少游泳。可是心中始終有股烈火焰，他無法抑制這份渴望。離一九九二年夏季賽前還剩不到一年的時間，他決定再試一次。在這項屬於年輕人的游泳比賽中，他算是高齡選手了，就像拿著槍矛戳風車的現代唐吉訶德，想贏得百米蝶泳的想法簡直不可思議。

這段時期，他又經歷了種種磨難。但他沒有退縮，不停地告訴自己：「我可以的。」結果，在不停地自我暗示下，他終於站在世界泳壇的前沿，不僅成為美國代表隊成員，還贏得了初賽。他的成績只比世界紀錄慢了一秒多，奇蹟的產生離他僅有一步之遙。

決賽之前，他在心中仔細規劃著比賽的賽程，在想像中，他將比賽預演了一遍。

他相信最後的勝利一定屬於自己。比賽如他所預想，他真的站在領獎臺上，星條旗冉冉升起，美國國歌響起，頸上掛著夢想的奧運金牌。摩拉里沒有被消極思想所打敗，在艱苦的環境中，他不斷地進行積極的自我暗示，最終獲得奇蹟般的勝利。

☆自我暗示是神奇的力量，積極的自我暗示往往能喚醒人的潛在能量，提升人生境界。自我暗示對於我們的生活如此重要。因此，每天清晨不妨告訴自己今天會有個好心情；每當有重大選擇和決定的時候，暗示自己的選擇和決策是明智的。選擇積極的自我暗示，等於選擇幸福生活，選擇與成功人生為伴。

人生需要一種豁達

一顆豁達的心靈猶如久旱後的甘霖，使人從瑣碎的煩惱中掙脫，變得坦蕩，變得清靈，變得心胸開闊。「心無芥蒂，天地自寬。」容納須有一個豁達的胸襟。具有豁達性格的人，他們眼睛裡流露出來的光彩會使整個人生都流光溢彩。這種性格使智慧更加熠熠生輝，使美德更加迷人燦爛，使人性更加完美。

在戴爾·卡內基小的時候，有幾年旱災非常嚴重。那時整個美國經濟大蕭條，農民受到更大的煎熬，沒有人知道到底是什麼原因讓春天該來的雨缺席了，使新種的玉米和小麥得不到雨水的滋潤。卡內基的父親把他所存下來的一點點積蓄都花在做種子用的玉米上了。

卡內基看到家裡最後的一點錢都換成的種子，他一直在擔心，父親怎麼敢將種子撒在那片土地上，種子可能會乾枯而一無所獲。於是，他問父親：「為什麼要冒這個險呢？」

「不會冒險的人永遠不會成功！」這是父親的哲學。

只要無懼於嘗試，就沒有人會徹底失敗。然而，小河裡的水日趨減少並乾涸，隨後，整個夏季被大旱折磨著，河流乾枯了，魚兒一條條死去，最可怕的是，穀物全都枯萎了。

到了秋天收穫時，卡內基的父親從這半英畝土地上僅獲得了半輛貨車都不到的玉米，往年，豐收的玉米一定會裝滿數十輛貨車。卡內基忘不了父親那晚在餐桌前的一段話：「仁慈的上帝，感謝您讓我今年什麼都沒有失去，您把種子還給了我，謝謝您！」

比爾．蓋茲曾說過：「沒有豁達就沒有寬容。無論你取得多大的成功，無論你爬過多高的山，無論你有多少閒暇，無論你有多少美好的目標，沒有寬容心，你仍然會遭受內心的痛苦。世界上最大的是海洋，比海洋更大的是天空，比天空更大的是人的胸懷。」

豁達是一種超脫，是自我精神的解放；豁達是一種寬容，恢弘大度，胸無芥蒂，肚大能容，吐納百川；豁達是一種博大的胸懷、超然灑脫的態度，也是人類個性最高的境界之一。一般說來，豁達開朗之人比較寬容，能夠對別人不同的看法、思想、言論、行為以及他們的宗教信仰、種族觀念等都加以理解和尊重，不輕易把自己認為「正確」或者「錯誤」的東西強加於別人。他們也有不同意別人的觀點或做法的時候，但他們會尊重別人的選擇，給予別人自由思考的權利。

☆每個人均應採取兩種態度：在道德方面，大家都應有謙虛的美德，每人都必須持有自己的看法；在心理方面，每人都應有開闊的胸襟，以相容並蓄的雅量來寬容與自己不同甚至相反的意見。

CHAPTER 6

先禮後兵的商業心理學

沒有好人緣等於把自己逼入「死胡同」

人際關係就像是一盞燈，在人生的山窮水盡處，指引給你柳暗花明的又一村的繁華。創造完美的人生，就從鋪好你的人脈開始。

盧梭曾說過：「人類的脆弱，使我們進入社交圈；共同的不幸，使我們的心互相聚結在一起。」可以說自從世界上出現人類以來，相互交往就一直存在，即使是病人，聚在一起也比獨處要輕鬆，尤其是現代社會，與世隔絕，獨處一室是非常不切實際的做法。

家輝是一家公司的管理人員。在公司產品遭遇退貨、賠款瀕臨倒閉，公司高層們急得團團轉而又束手無策時，家輝站了出來，提供了一份調查報告，找出了問題的癥結。此舉不僅一下子解決了公司的難題，還為公司賺了幾百萬。

因工作出色，家輝深受老總的重視，不久就成為全公司的一顆明星。憑著自己的智慧和膽略，他又為公司的產品打開國內市場，立下了汗馬功勞，兩年時間內為公司賺回幾千萬利潤，成為公司舉足輕重的人物。

家輝躊躇滿志，以為銷售部經理一職非他莫屬。然而，他沒有被升官。本來公司董事會要提拔他為公司主管銷售的副總經理，卻由於在提名時遭到人事部門的強烈反對而作罷，理由是各部門對他的負面反應太大，比如不懂人情世故，不和同事交往，驕傲自大……讓這樣一個不懂人際關係的人進入公司的決策層顯然不太適宜。

銷售部經理一職被別人擔任了，他只好拱手交出自己創建、自己培養成熟的國內市場。這就好比自己親手種下的果樹上所結的果子被別人摘走一樣，令他非常痛苦和不解。

他不明白，公司怎麼能這樣對待自己呢？自己到底錯在哪裡？後來，還是一個同情他的朋友為他破解了他的迷惑。

難怪那一次，他出去為公司處理業務，需要一批匯款，在緊要關頭卻遲遲不見公司的款子，業務活動「泡湯」，令他很難堪。實際上是一個出納員給他扯後腿。因為，平時他對這個出納不巴結、不獻媚、不送小禮品，也就是說沒有把她放在眼裡。

還有一次他在外辦事，需要公司派人來協助，卻不料人還沒有到，馬上又把人撤回來了，原來是一些資格較老的人覺得他很「狂妄」、「目中無人」，在工作上從不與他們溝通……所以想盡辦法扯他的後腿，讓他的工作無法順利。

儘管家輝工作業績輝煌，但他忽視了人際關係的重要性。那些他不熟悉的、不放在眼裡的小人物，在關鍵時刻照樣會壞他的大事，阻礙他在公司的發展和成功。在無可奈何的情況下，他只好傷心地離開了公司。

☆ 許多傑出的人士，之所以被能力不如自己的人擊垮，就是因為沒有經營好自己的人際關係，被一些非能力因素打敗，在我們這樣一個重人情世故的國家，沒有一個好人緣，不能編織起一個良好人際關係網無異於自毀前程，把自己逼入死胡同。

聚財先聚人，人脈就是財脈

要想財源廣進、飛黃騰達，很多時候需要靠人脈取勝。

社會上有這麼一類人：他們能力超群，見解深刻，才華橫溢，本來可以飛黃騰達，卻偏偏過著清苦的日子。這是為什麼呢？

雖然這些人有才華，卻也恃才傲物，認為自己比別人優秀，是不可或缺的人才，因狂妄自大，不能很好地與周圍的人相處。就這樣，他們因為沒有人脈，最終都埋沒了。因此，沒有人脈資源的從旁協助，光有才華也是不能發財的。

生意場上的傳奇人物王永慶，從做生意開始就非常重視建立人脈。王永慶在剛開始做木材生意的時候，對客戶的條件放得很寬，往往都是等到客戶賣出木材之後再結帳，而且從不需要客戶做任何擔保。

不過沒有一個客戶曾拖欠和賴帳，原因就在於王永慶不但瞭解每一個客戶的為人，也理解他們做生意的難處。正因為有了這份信任，客戶很快就跟王永慶建立起了深厚的友誼。

華夏海灣塑膠有限公司董事長趙廷箴，曾經與王永慶合作過建築生意。有一次，趙延箴需要大量資金周轉，於是向王永慶表明自己的困難。王永慶二話不說，立刻借給他十幾根金條，還不收分文利息。

這樣的舉動不僅幫助了趙廷箴還使得兩人成了好朋友。從此後，趙廷箴營造的工程上所需要的木材全都向王永慶購買，成為王永慶最大的客戶。

王永慶後來回憶這段往事的時候說道：「正因為結識了木材界眾多朋友，我才能在木材業迅速崛起，站穩腳步。」後來，王永慶一直在建築業發展，並且木材廠的生意非常興隆。

人是最大的資源，不管做什麼事情，都有人的因素。被稱為「賺錢之神」的邱永漢說：「失去財產，仍有從頭再做生意的機會，失去朋友，就沒有第二次的機會了。」潛能大師陳安之在《超級成功學》著作中說：「成功靠別人而不是靠自己。」這個觀點乍聽起來是有點不可思議，但是仔細琢磨，其實是非常有道理的。

☆只有善於借助別人的力量，順風行船，才能最快地到達目的地。如果想讓自己的財富之路走的更加的順暢，就先累積人情，鋪就人脈關係網吧！

交人交心，人情投資要果斷

贏得好人緣要有長遠眼光，要在別人遇到困難時主動幫助，在別人有事時不計回報，「該出手時就出手」，日積月累，留下來的都是人緣。

一個人可以有好幾種投資，對於事業的投資，是買股票；對於人緣的投資，是買忠心。買股票所得的資產有限，買忠心所得的資產無限。「紂有人億萬，為億萬心，武王有臣十人，唯一心。」紂之所以敗亡，武王之所以興周，就在於這份無形的資產。

真正頭腦靈活的人，是在自己能力範圍之內儘量「給予」的。而受到此種看似不求回報好意的人，只要稍微有心，絕不會毫無回禮的，他會在能力所及的情形下與你合作。透過此種交流，彼此關係自能愈來愈親密，愈來愈有力，終至成為對你很有幫助的人。

在日常生活中遇到意想不到的人或好意，往往帶給人意外之喜。這種情形下，心中常常只有感動二字。所以，為了要讓對方腦海中為自己留下深刻的印象，一些意想不到的行動是很具效果的。

美國老牌影星麥克．道格拉斯年輕時十分落魄潦倒，沒有人（包括許多知名大導演）認為他會成為明星。但是，有一回麥克搭火車時，與旁邊的一位女士攀談起來，沒想到這一聊，聊出了他人生的轉捩點。沒過幾天，麥克被邀請到製片廠報到。原來，這位女士是位知名製片人。

人脈是創造機遇的一種最有效成本，哈佛商學院的一位教授總結說，哈佛為其畢業生提供了兩大工具：首先是對全域的綜合分析判斷能力；其次是哈佛強大的、遍佈全球的、四萬多人的校友網路，在各國、各行業都能提供寶貴的商業資訊和優待。哈佛校友影響之大，實非言語能形容，全校有一種超越科學界限的特殊集體精神。

哈佛商學院建院九十二年來，有超過六萬名校友，這些校友多半已是各行業的精英，在團結精神凝聚下，織成了一張強固的人脈網路。對於後者，幾位在中國創業的哈佛ＭＢＡ體會最深。他們在沒有其他背景的情況下，靠的就是哈佛ＭＢＡ這塊金色招牌，因為在華爾街，在幾大風險投資基金中，對哈佛ＭＢＡ來說，找到校友，就是找到了信任。

窮困潦倒的英雄，是常有的事，但只要懂得利用人脈的投資，就能一飛沖天，一鳴驚人。人是感情動物，註定要在群體中生活，而組成群體的人又處在各種不同的階層和具有不同的屬性，適當時進行感情投資，有利於在社會上建立一個好人緣，只有人緣好，才能有一個好的形象，你的人際交往才能如魚得水，沒人緣的人自然會常常陷入進退兩難的境地。

懂得存情的聰明人，平時就很講究感情投資，講究人緣，其社會形象是常人不可比的，遇到困難很容易得到別人的支持和幫助。因此，這樣的聰明者其交友能力都較一般人佔有明顯的優勢。

☆ 一個人如果不能處理好人際關係，就猶如在地雷區裡穿行，舉步維艱。而八面玲瓏的人可以在每條大路上任意馳騁「條條大路通羅馬」。

結交「實力人物」的身邊人

古往今來，與大人物見面的機會都是很難得的，但是他們的朋友、親屬或工作中的助手，都是你走向成功的天然踏腳石。

想要結交貴人的話，一定要記住史坦芬．艾勒的一句話：「把鮮花送給『實力人物』身邊的人，即使他們看起來只是你心目中的小角色。」哪怕他們只是一個小小的祕書、一位家庭主婦，甚至是尚未成年的小孩子，也不要放過結交和討好他們的機會。

有了情意和信任，自然會帶來效益：說不定，這些「小角色」會在某個關鍵時刻影響你的前程和命運。如果他們能幫你在「實力人物」耳邊說上幾句好話，那真是很榮幸也很珍貴的。當你結識了某位「實力人物」的身邊人後，就一定要把握住他，用盡方法得到他的支持。

有一次，麥凱去拜訪一個大企業的老闆，希望說服這位老闆來買他的產品。可是不管麥凱怎麼說，這個老闆都不肯買。有一天，他得知這個老闆去了醫院，原來是老闆的兒子出了車禍。他馬上調查資訊，得知老闆的兒子十二歲，崇拜籃球明星麥克．喬丹。

麥凱的人緣頗好，他正好認識麥克．喬丹所在的公牛隊的教練，麥凱買了一個籃球，寄給公牛隊的教練，並拜託他請喬丹和全體球員簽了名。麥凱把籃球送到了醫院裡，小男孩一看到籃球上有喬丹的簽名，興奮得睡不著覺。

老闆來看他的兒子時，兒子正高興地抱著球坐在那裡。老闆一看就問：「這是喬丹的簽名籃球，你怎麼會有？」

兒子回答：「是麥凱叔叔送我的。你應該買麥凱叔叔的產品，他這麼關心我，你也應該關心他才對啊！」

第二天，老闆就找到了麥凱，專門向麥凱道謝，並向麥凱訂購了大量的產品。

要想從貴人的身邊人人手，最基礎的工作當然就是掌握他們的社會關係。現代媒體經常關注一些「實力人物」的情況，你從中定會瞭解一二。你可以從他的歷史上認識他的過去，他的經歷，甚至他的祖輩、父輩，然後從他的親屬、他的朋友、他的子女等「小角色」人手，取得他們的信任與支持。那麼，「實力人物」幫你呼風喚雨」，甘當你貴人的日子將指日可待。

☆ 現在的社會，並不是每個人都能結交上權貴，即使有幸結交，也不見得能得到他們的「貴人相助」。然而，結交那些「實力人物」的身邊人並沒有太大的難度，得到了他們的信任，就相當於接近了「實力人物」他們總會在出現某個時機時為你賣力，為你進上美言。所以，在交際應酬過程中，千萬不能忽視權勢的「身邊人」。

學會透過中間人迅速擴充你的人脈

要想擴大人脈圈，就要善於發揮中間人的作用。

請你認真思考這樣一個問題：算算你現在一共有多少位朋友？這些朋友都是透過何種管道或方式認識的？你會發現，自己現在的許多朋友最初都是朋友的朋友。也就是說，我們透過一些朋友作為「中間人」又認識了更多的朋友。「中間人」的好處，要懂得運用。

關於這一點，比爾．蓋茲為我們樹立了良好的榜樣。客觀而言，成就比爾．蓋茲輝煌事業的，除了他的智慧、眼光和執著外，還有重要的一點是他借助中間人的幫助擁有了相當豐富的人脈資源。

假如把行銷比喻成釣魚的話，是釣大鯨魚，還是釣小魚比較好呢？回答肯定是大鯨魚。因為釣到一條大鯨魚可以吃一年，但釣小魚就得天天去釣。比爾．蓋茲在創業的時候就瞭解了這一點，於是一開始就釣了一條大鯨魚。

他是如何釣大鯨魚的呢？

一、用自己親人當中間人

比爾．蓋茲二十歲時簽到了跟ＩＢＭ的第一份合約，當時，他還是大學在讀生，沒有太多的人脈資源，他怎能釣到這麼大的鯨魚？很多人都想知道。原來，比爾．蓋茲之所以能簽到這份合約，有一個仲介人——他的母親。比爾．蓋茲的母親是ＩＢＭ的董事會董事，她介紹兒子認識董事長，這不是自然而然的事情嗎？假如當初比爾．蓋茲沒有簽到ＩＢＭ的訂單，他今天的成功可能就要畫上一個問號了。

二、用合作夥伴做中間人

比爾．蓋茲重要的合夥人——保羅．艾倫及史蒂夫．鮑默爾，不僅為微軟貢獻他們的聰明才智，也貢獻他們的人脈資源。一九七三年，蓋茲考進哈佛大學，與現在微軟的執行長史蒂夫．鮑默爾結為好友，並與艾倫合作為第一台微型電腦開發了BASIC程式設計語言的第一個版本。

大三時，蓋茲離開哈佛，和好友保羅．艾倫創建微軟，開發個人電腦軟體。合作夥伴的人脈資源使微軟能夠找到更多的技術精英和大客戶。一九九八年七月，史蒂夫．鮑默爾出任微軟總裁，隨即親往美國矽谷約見自己熟知的十個公司的執行長，勸說他們與微軟成為盟友。這一行動為微軟擴大市場掃除了許多障礙。

的方法。

我們在羨慕比爾．蓋茲的成功時，也要向他好好學習一下利用中間人拓展人脈的方法。

誰都知道，沒有特殊關係，一般人不會主動將自己的朋友介紹給別人，尤其是在大家非常忙的時候。所以，想認識誰就要主動找熟人，請他給予介紹。

如果你去的場合是某單位或某人舉辦的活動，你可以主動請主人給你介紹幾位朋友。如果人不太多，你甚至可以讓主人把你介紹給大家，然後你就可以與任何一位新朋友談話了。其他人以為你與主人關係親密，也會很高興認識你。如果你與主人關係一般，但他把你請來了，也就會對你的要求予以滿足，但你必須主動提出來。

> ✰ 你開口請人介紹認識他人之後，必須對中間人表示謝意。這樣中間人才會樂於幫助你，樂於介紹更多的新朋友給你。

經營人情，不要忽視身邊的小人物

說不定有一天，你心目中的小人物會在某個關鍵時刻成為影響你的前程和命運的大人物。

營造人脈，不可忽視身邊「小人物」的作用。許多老闆身邊的「小人物」都有舉足輕重的地位。

清朝雍正皇帝在位時，按察使王士俊被派到河東做官，正要離開京城時，大學士張廷玉把一個很強壯的傭人推薦給他。此人處事很老練，又謹慎，時間一長，王士俊很看重他，把他當做心腹。

王士俊任期滿了準備回到京城，這個傭人忽然要求告辭離去。王士俊非常奇怪，問他為什麼要這樣做。那人回答：「我是皇上的侍衛。皇上叫我跟著你，你幾年來做官，沒有什麼大差錯。我先行一步回京城去稟報皇上，替你先說幾句好話。」王士俊聽後嚇壞了，每次一想到這事就兩腿發抖，暗自慶幸自己沒有虧待過這人，否則，要是對他有不善之舉，可能命就保不住了。

這個例子告訴我們，千萬不可輕視身邊的那些「小人物」，跟他們搞好關係非常重要。這些人平時低調平凡到不行，但是到了關鍵時刻，說不定就會成為左右大局、決定生死的「重磅炸彈」。

許多老奸巨猾的政客都深諳此理，即使在公事公辦之際，也不忘與這樣的人拉上關係，一旦交情確立，他就能夠從中得到源源不斷的好處。

所以，平常無論是說話還是處事，一定要記住：把鮮花送給身邊所有的人，包括你心目中的「小人物」。不要總是時時處處表現出高人一等的樣子，要知道，再有能力的人也不可能把所有的事情辦好，再優秀的籃球運動員也不可能一個人贏得整場比賽。在經營管理中，人的因素至關重要，有了人才會有事業，有情義，同時也才能帶來效益。

小人物的力量匯在了一起，也許就足以推翻任何一個大人物。所以，不要輕易得罪小人物，不要與他們發生正面衝突，以免留下後患。要學會與小人物交朋友。俗話說，多一個朋友多一條路。不能用實用主義的觀點去處理與小人物的關係，不要平時不燒香，臨時抱佛腳，等到「有事才登三寶殿」時就晚了。記住：你平時花在「小人物」身上的精力、時間都是具有長遠效益和潛在優勢的。在不遠的一天，也許就在明天，你將得到加倍的回報。

上面列舉了這些例子，絕不是說要我們也要學他們的樣子，盡做一些收買、拉攏的勾當，但人在屋簷下，怎敢不低頭？要想說好話、辦好事，還應對「宰相家奴七品官」這句話賦予新的理解，即不要輕視你身邊的任何人，有道是「深山藏虎豹，田野隱麒麟」，更何況一百個朋友不算多，冤家一個就不少，越是小河溝越可能會翻大船。

☆ 在芸芸眾生之間，有著無數能夠在關鍵時刻大顯神通助你成功的「貴人」，或陷你於死地的「小人」。所以，要營造廣茂的人脈關係，就要隨時隨地廣泛交往，重視身邊的小人物，多結善緣才行。

注意維護人情的生態平衡

人生中，每個人都要樹立對人際關係長期投資的觀念。有些短期內看似不重要的人和事，長期看就可能很重要，這都需要你及早投資，從長計議。

人情，也存在生態危機。如果在自己的人情領地上，像農耕墾荒那樣，開一片種一茬，不多施肥，不勤澆水，不積極培植地力，然後就荒廢了，再去尋找新的荒地，再開墾……周而復始，如此「扒地皮式」的開發人情，那人情的土地豈能不荒蕪、廢棄？

因此，開發人情的時候，同時就要建立人情生態的保護系統。千萬不要急功近利，只知向人情要利益，而忽視對人情的及時培植。把開發和儲蓄控制在合理的比例內，尤為重要。

套用日本管理之父松下幸之助有名的資金管理水庫理論：若人情的使用量是十

份水，那只能放出六至七份水，必須庫存三到四份水，也就是約三分之一的儲備，以防不測，急用。

一般情況，不能動用那保底的三分之一人情，實在到了萬不得已的情況下，才可使用一次，然後，立即補足，絕對不能出現底空。哪怕是短暫的，也不行。要知那是極其危險的，等於拿生命做賭注，人情也一樣，必須有足夠的庫存。這庫存就是人情的積蓄，不只是量的積蓄，更有生態環境的優化。

而平時在自己流動時，也不能把舊人情就拋棄了，也不能像墾荒那樣，耗盡地力後，又轉向新的地方，把人情開發變成挑地域掠奪，更不能像作戰，把舊地變為人情戰場燒殺劫掠一番後，轉移到一個新地，若又把新地變為新的戰場，又轉移到別的新地方。陷入這樣的惡性循環，自己的人情中恐怕只有血腥、恐怖和悲痛，整個人情關係也會喪失生機，變為一片廢墟。因此說，在人情維護上必須從長計議。

當你手中擁有幾張初交者的名片時，必須主動出擊，把它擴展到十倍、百倍。它將是你人際交往的生命線，是隨時可以啟動和挖掘的「存貨」。這裡的困難點就是要突破清高顧面子、不主動與人交流的心理障礙，要點是不可太急於將陌生人變成客戶，而需要慢慢「和麵」。生意之道是慢工出細活，不能操之過急，交朋友也是如此，要有耐心，透過事實、時間來爭取別人的理解和信任。

另外也要做到細節真誠，而細節的真誠又來源於內心的真誠。「以財交者，財盡而交絕；以色交者，色衰而愛移；以誠交者，誠至而誼固。」某種意義上說，他人至上並不是說給他人聽，而是說給自己的內心聽，讓內心將其消化，然後散發到點點滴滴的行動中，「潤物細無聲」這一點的關鍵是對對方的理解，理解後才能真誠相待，才能平平淡淡地把人情送到點子上，讓人真正感到你的友善。

☆要樹立你的個人口碑，進而樹立你的形象。透過品德的修煉，對慣例及規範的秉持，慢慢累積你的影響力。直到眾望所歸，大家說這個人很不錯，口碑很好，處理問題極其到位。這個時候你的社會資源就非常多，就會有為數不少的人有意無意地捧你、支持你，你的才能就能得到最大的施展。

如果你有用，就別怕自己被利用

在這個社會，如果你有用，就別怕被利用。

我們常說「我好像被某某人利用了」，其實如果你換個角度思考問題的話你會發現，自己是因為有價值才被利用，利用正好證明了自己的價值，沒被利用反而說明你沒有多少價值，至少沒有被利用的價值。

「狼狽為奸」的勾當是令每個人所不齒的，但是反過來想一想，狼和狽為何要相互勾結呢？

狼和狽是兩種長相十分相似的野獸，牠們口味還都極其的相似——都喜食豬、羊等動物。唯一不同的是：狼的兩條前腳長，兩條後腳短；而狽則是兩條前腳短，兩條後腳長。

一到夜晚，狼和狽就出來一起去偷豬、羊等家畜。

有一回，一隻狼和一隻狽共同來到一個羊圈外，看到羊圈中有很多又壯又肥的羊，非常想偷吃。但是羊圈的牆和門，都很高，牠們使勁了各種辦法，費勁了力氣還是進不去。於是，牠們就想了一個辦法。先由狼騎到狽的脖子上，然後狽站起來，把狼抬高，再由狼越過羊圈把羊偷出來。

商量過後，狽就蹲下身來，狼爬到狽的身上。然後，狽用前腳抓住羊圈的門，慢慢伸直身子。狽伸直身子後，狼將腳抓住羊圈的門，慢慢伸直身子，把兩隻長長的前腳伸進羊圈，把羊圈中的羊偷了出來。

這樣偷羊的事，狼和狽經常互相利用對方才得以成功。如果牠們不這樣相互讓對方利用，誰都不能把羊偷走，任何一方都要挨餓。正是由於這種狼和狽互相成功利用，農民大受損失，所以就有了後來的「狼狽為奸」。

其實，這個故事蘊含的道理是意味深長的。兩種不同的動物，為了一個共同的目標走到了一起，學會了合作的技巧，懂得了取長補短。在利用對方的同時也謀得了自身的利益，達到了共贏的目的，是一種十分聰明的做法。

從另一個角度來看，現實生活中，我們被人利用沒有關係，關鍵是要在利用中發現自己的價值和不足，然後學會反過來利用他人，這個社會不是一個人的獨角戲，會合作的人才會實現利益的最大化。

不要重演「三個和尚沒水喝」的故事，怕被利用的心理，只能造成一加一加一等於零的結果。

人是群居性的動物，每個人都在社會這個大家庭中生活，彼此隔絕是不可能的，每個人都需要團隊，每個人都需要合作。哲人叔本華就曾經說過：「單個的人是軟弱無力的，就像漂流的魯賓遜一樣，只有跟別人在一起，他才能完成許多事業。」

隨著知識經濟的到來，競爭日趨緊張激烈，各種新技術、新知識不斷推陳出新，市場化需求越來越多樣化，使得現代企業管理面臨的環境和情況越來越複雜。在很多情況下，單靠一個人的力量是很難完成對各種錯綜複雜資訊的處理和解決的，更不可能採取切實、高效的行動，這就需要依賴組織成員之間的相互合作、相互關聯、協調行動，以解決各種複雜的難題，保持組織的應變能力和源源不斷的創新能力。

團隊合作在當代的市場經濟和人際交往中顯得格外重要，一個不懂得團隊合作、不善於團隊合作的人不是一個聰明的人。「滴水不成海，獨木難成林」，只有團隊之間真正的合作，才會匯成一股強大的力量，推動實現最終的目標。

> ✩
> 「狼狽為奸」是大勢所趨，是明智之選，因為相互被「利用」後會產生一加一大於二的成效。在成就他人的同時，也成就了自己。

全方位人際×交往心理學

CHAPTER 7

贏家通吃的商場掌控心理學

正面難入手時，就從側面出擊

作為一種戰術，從側面進攻是行之有效的攻擊謀略，特別是在戰爭上，當自己的力量還不足以與對手抗衡時，運用此策略更為有效。

歷史上，哥德人和匈奴人曾用此法打敗了強大的羅馬帝國，蒙古用此法進攻亞歐國家。今天，現代社會的生活中仍可靈活運用，它可以打亂你的對手的陣腳，增加自己勝利的機會，迫使你的對手屈服，最終戰勝對手。

尼爾瑪化學公司在與對手競爭的時候，用從側面打擊對手的方法，最終取得了勝利。二十世紀六〇年代，派特爾開始了他的創業生涯。創業之初，派特爾利用自己的專長，在自己的廚房裡利用簡陋的設備，生產出一種成本極其低廉的洗衣粉，並且把這種洗衣粉命名為尼爾瑪。為了打開銷路，派特爾開始四處奔波，試圖為他的洗衣粉在競爭激烈的市場上分得一杯羹。

但是根據印度傳統的經營理論，城市富裕家庭主婦的錢袋是大多數產品銷售的唯一來源。而在當時這一巨大的財源幾乎被印度製造業的跨國公司——勒維爾公司獨佔著。勒維爾公司在全世界都設有分公司，實力極其雄厚，它的業務範圍也相當廣泛，而且它所生產的衝浪牌洗衣粉，在印度洗滌市場一直佔據著統治地位。作為剛剛起步的派特爾公司，可以說根本沒有力量與勒維爾公司正面交鋒。派特爾看清了這一點，他決定尋找另一條出路。派特爾針對勒維爾公司只注重城市富裕家庭主婦的錢袋，而忽略了廣大中下層人民的需要這一弱點，開始做文章。他繞開與勒維爾正面交戰的戰場，把注意力放在了無力購買高價洗衣粉的廣大中下層人民身上，他相信這是一個潛力巨大而又無人涉足的廣闊市場，並制定了靈活的銷售策略。

第一，堅持薄利多銷。第二，在產品上做文章。他不斷推出新產品。二十世紀八〇年代中期，派特爾公司根據市場的需求，先後推出塊狀洗衣皂和香皂。當這兩種產品投入市場的時候，購買者趨之若鶩。為此，公司迅速增大了產量，顯示出其廣闊的發展前景。

隨著時間的推移，產品牢牢地把握了市場地位，塊狀洗衣皂成為尼爾瑪公司的主要經濟來源之一，僅此一項銷售額就達到了公司營業總額的四分之一。另一方面，香皂生產也迅速擴大，並在這一領域對勒維爾公司造成了嚴重的威脅。

為了爭取更多的客戶，拓展業務，做大做強，尼爾瑪公司打起了廣告的策略。

對於做廣告，他們不像有的商家那樣，先用大量廣告刺激起消費者的購買欲望，緊接著就把產品送到，而是先將自己的產品運送到各個銷售點，然後才登廣告進行宣傳。尼爾瑪公司這樣做也有它的優勢，因為產品廣告與充足的貨源能夠緊密地結合起來，這樣可以進一步提高公司在消費者心目中的地位，給消費者一種信賴感。

自此之後，尼爾瑪公司以產品的良好信譽、優良品質和低廉價格深入人心，終使尼爾瑪公司在洗衣粉市場後來居上，獨領風騷。

☆派特爾的勝利為我們提供了處世的經驗：當與對方不得不交手的時候，在正面無法取得勝利的時候，就要靈活多變，迂迴到對手的後方和側面採取積極的行動。

施計弄巧，無條件時創造條件

許多人認為創造條件難度太大，而且總是無從下手。其實，這是因為大家總喜歡用常規的思維去思考問題，如果我們懂得施計弄巧，很多情況就大不一樣了。

眾所周知，慈禧太后姓葉赫那拉。清咸豐皇帝當初遇上她，完全是一種偶然；而葉赫那拉氏得寵於咸豐皇帝，在一定條件下，又屬於一種必然。這條件，完全是葉赫那拉氏憑藉她那先天的麗質和超人的心計創造出來的。

一八五〇年二月，清道光皇帝駕崩，咸豐皇帝即位。這時，由於清政府的腐敗，導致民不聊生，進一步激化了社會的各種矛盾。南方農民起義不斷發生，僅廣西一省就有二、三十支起義隊伍，其中最有影響的是洪秀全領導的太平天國運動。他們討伐清廷，打得清軍焦頭爛額，弄得剛剛即位的咸豐皇帝心神不寧。

後來，咸豐帝起用了漢族地主出身的曾國藩創建的一支湘軍鎮壓太平軍，取得了一些勝利，並佔領了湖北的武漢等地。消息傳到京城，咸豐帝十分高興，心神欣慰，設宴與各位大臣慶賀。慶賀之餘，咸豐帝率嬪妃去圓明園遊玩。

咸豐帝與嬪妃正在邊玩邊笑，忽然聽到「桐蔭深處」傳來南方的曲調，委婉動聽。

咸豐帝就問身邊的太監：「是誰在唱？」

太監答道：「是宮女蘭兒。」

這蘭兒便是葉赫那拉氏的小名。那拉氏因為其祖先住在葉赫（遼寧省開原縣北）而得名。她是安徽道台、滿族人惠徵的女兒。那拉氏從小生得機靈，又長得仙女一般，還有圓潤的嗓音，會唱南方江浙一帶的小調，因此十八歲便被選入宮了。

咸豐帝聽到動人的歌聲，似有聽其喉知其貌的感覺，身不由己地朝「桐蔭深處」走去。走至近前，果然見到一位麗質少女：她的身材長得恰到好處，真的是增之太高，減之太矮，亭亭玉立，無一不韻。那滿頭的萬縷青絲，格外潤澤；一雙眸子，明如黑玉。

太監見皇帝兩眼發直，心中暗笑，便請皇帝坐了下來，向那拉氏喊道：「皇帝駕到，蘭兒還不快快過來見禮！」

那拉氏聞言，不敢怠慢，急急忙忙來到咸豐帝面前跪倒請安：「向萬歲爺請安！」這六字出口，似雛黃鶯之聲，清脆悅耳，咸豐帝頓覺渾身酥軟，忙讓她站起來。接著，又讓她唱了幾曲，並且讓她端茶。眾人一見，知道皇帝不想走了，一個個便自覺地離去。隨後，咸豐帝便在那拉氏的服侍下，來到別宮住了下來。

一宵恩愛，那拉氏便被封為貴人。從此，那拉氏仗著色藝過人，再加上善於察言觀色，甜言蜜語，竭力奉承，過了幾年，那拉氏為咸豐帝生了一個小皇子，這就是後來的同治皇帝。

咸豐皇帝雖然嬪妃眾多，卻沒有一個能為他生出兒子來。這回那拉氏為他生了個兒子，咸豐皇帝哪有不高興之理？這是命運的巧合，還是功到自然成的結果？母以子為貴。不久，那拉氏就被封為懿妃，隨後又被封為懿貴妃。

咸豐帝死後，同治皇帝即位，那拉氏垂簾聽政。朝廷為那拉氏加徽號為「慈禧」，故稱為慈禧太后；又因她住在西邊的長壽宮，所以又稱她為「西太后」。

試想，如果沒有當初蘭兒在圓明園的施計弄巧，就不會有「桐蔭深處」的承受「雨露」；如果咸豐皇帝已經兒孫滿堂，或者那拉氏未能為他生個兒子，那麼，又會怎樣呢？也許蘭兒永遠還是那個蘭兒；也許中國近代的歷史又會變成另一番模樣。

☆亞歷山大當年稱霸之後，有人對他說，他的成功是善於把握有利的時機和條件，他大聲回答：「這一切無不是我創造出來的！」可見，沒有條件不代表不能成功，關鍵是看你能否自己創造條件。

臨危不亂，以「詐」贏得生機

有時，看似波瀾不驚的環境中，卻暗含著無限的殺機；有時，一派風和日麗的景象裡，卻醞釀著暴風驟雨；有時，在笑談之間，禍患已悄然逼近……在危及自己生命的緊要關頭，靈活地「詐」一回，不失為一大機變智慧。

朱元璋打敗陳友諒、張士誠，定鼎南京，建號稱帝，由劉伯溫親自選定風水寶地，開工興建宮殿。朱元璋住進建好的皇宮後，沒事便到處走走，熟悉一下環境。一天他走到一間剛完工的大殿裡，看著雕梁畫棟，金碧輝煌，回想自己當年當和尚的情景，不禁感慨叢生，四下顧望無人，便信口把心中所想說了出來：「唉，我當年不過為饑寒所迫，想當個盜賊，沿江搶掠些金銀財物而已，哪曾想能有今日這番氣象。」

說完後，仰面觀看棚壁，卻嚇了一跳。原來有一個漆匠正在一個大梁上做最後的油漆工作，由於梁木寬大，朱元璋先前竟沒發現他。

朱元璋馬上意識到自己一時衝動失言，一番只能藏在心底，不能讓任何人知道的真實想法可能都已經落入這名漆匠耳中了。如果不殺人滅口，勢必會傳揚得四海皆知，那可是丟人丟臉又不利於自己以天命愚弄百姓的大事。

他開口要那名漆匠下來，但是連喊了幾遍，漆匠充耳不聞，繼續慢條斯理地做著手中的活。

朱元璋大怒，加大了音量喊，那名漆匠彷彿才聽到聲音，連忙下來跪在朱元璋面前，叩頭說：「小人不知陛下駕到，沒有及時避開，冒犯了陛下，請陛下恕罪。」

朱元璋怒聲道：「你耳聾了嗎？我叫了你幾遍你都不下來？」

漆匠叩頭說：「陛下真是英明皇帝，連小人耳朵有點聾都知道。陛下聖明，這是小人和萬民的莫大福份。」

朱元璋生性多疑，但看漆匠臉上神色並無太大變化，心想他驟然聽到這樣大的祕密，自然知道厲害，不嚇得掉下來也會面無血色，不會如此平靜，看來他真是耳朵有些不靈敏的人呢。

也許是朱元璋心情好，又見漆匠把自己的宮殿活做得也不錯，又很會說話，便擺擺手讓他繼續幹活。這名漆匠當晚找個藉口逃出皇宮，連夜逃回家中，攜帶妻小躲避他鄉。而朱元璋後來因為國事繁忙，也記不得這件事了。

那名漆匠的才能或許並不比朱元璋差，看其驟然聽到天大的祕密卻不驚不慌的態度，真有「泰山崩於前而色不變」的大將風度，馬上又想到用耳聾來保護自己，這份機智也是人所難及。

> ☆在現實社會裡，這種臨危使「詐」的機智不僅智慧，而且重要，它常常能夠幫助我們巧妙地趨利避險，不妨一試。

發現對方縫隙趕快下手，讓其不攻自破

面對敵強我弱的形勢時，不妨使出離間計，讓對手相互猜忌、互相爭鬥，消耗其最強有力的人才資源，自己只需袖手旁觀，即可坐收漁翁之利。這是最省力的招數，也是最有效的招數。

戰國末年，秦軍大舉北進，進攻趙國。老將廉頗率趙兵迎敵，秦、趙兩軍相持於長平。秦兵雖然勇武善戰，怎奈廉頗行軍持重，堅築營壘，等待時機與變化，遲遲不與秦兵決戰。這樣一來，兩軍相持近兩年，仍難分勝負。秦國君臣將士個個焦躁萬分，卻又束手無策。

秦昭王問計於範雎，說：「廉頗多智，面對秦軍強而不輕易出戰。秦兵勞師襲遠，難以持久，戰事如此久拖不決，秦軍必將深陷泥淖，無力自拔，為之奈何？」

範雎早已清楚地瞭解到問題的嚴重性，作為出色的謀略家，他很快找到了問題的癥結。他對趙國文臣武將的優劣瞭若指掌，深知秦軍若想速戰速決，必須設計除

掉廉頗。於是，他沉吟片刻，向昭王獻了一條奇妙的反間計。

范雎遣一心腹門客，從便道進入趙國都城邯鄲，用千金賄賂趙王左右親近的人，散佈流言道：「秦軍最懼怕的是趙將趙奢之子趙括，年輕有為且精通兵法，如若為將，恐難勝之。廉頗老而怯，屢戰屢敗，現已不敢出戰，又為秦兵所迫，不日即降。」

趙王聞之，將信將疑，派人催戰，廉頗仍行「堅壁」之謀，不肯出戰。於是，趙王輕信流言，匆忙拜趙括為上將，賜以黃金彩帛，增派二十萬精兵，前往代替廉頗。

趙括雖為趙國名將趙奢之子，確也精通兵法。但徒讀經文書傳，不知變通，只會坐而論道，紙上談兵，而且驕傲自大，一旦代將之即東向而朝，威臨軍吏，致使將士無敢仰視。他還把趙王所賜黃金、財物悉數藏於家中，日日尋思購買便利田宅。

趙括來到長平前線，盡改廉頗往日約束，易置將校，調換防位，一時弄得全軍上下人心浮動，紊亂不堪。范雎探知趙國已入圈套，便與昭王奏議，暗派武安君白起為上將軍，火速馳往長平，並約令軍中：「有敢洩露武安君為將者斬！」

這白起是戰國時期無與倫比的久經沙場的名將，一向能征慣戰，智勇雙全。論帥才，趙括遠不能與白起相比；論兵力，趙軍絕難與秦兵抗衡。范雎之所以祕行其事，目的就是使敵鬆懈其志，以期出奇制勝。兩軍交戰，白起佯敗，趙括大喜過望，率兵窮追不捨，結果被秦軍左右包抄，斷了糧草，團團圍困於長平。

秦昭王聞報，親自來到長平附近，盡發農家壯丁，分路掠奪趙人糧草，遏絕救兵。趙軍陷於重圍達四十六天，糧盡援絕，士兵自相殺戮以取食，慘不忍睹。趙括迫不得已，把全軍分為四隊，輪番突圍，均被秦軍亂箭擊退，趙括本人也被亂箭射死。

長平之戰，秦軍獲得了空前的勝利，俘虜趙兵四十萬，除年長年幼者二百四十人放還外，其餘全部坑殺。這次戰役，秦軍先後消滅趙軍四十五萬，使其一蹶不振。戰後，秦軍乘勝進圍趙都邯鄲。趙國就這樣一步步走上了滅亡的道路。

與對手的較量，不僅是力量的交鋒，也是智力的對峙。為了勝利，每一方都會設下各式各樣的陷阱，若稍有不慎，便會讓你喪生。反過來說，如果能夠讓對手不知不覺踏入你設下的陷阱，你就能夠成為整個棋局的操控者，長久立於不敗之地。

☆

雖說完好的雞蛋是無縫的，但人世間的團體，卻因利益的參與而充滿縫隙。身處劣勢之時，不妨向范雎借計，挑起其內部矛盾的矛盾，把對手的實力一分為二，到時就可坐享其成了。

連橫合眾，將天下資源為我所用

連橫合縱是一種智慧。生意場上，將一切能利用的資源聚攏到自己身邊，才能給自己帶來更多財富。

想要致富，不能孤軍奮戰，要懂得連橫合縱，讓天下人為己所用。商場競爭激烈，個人能力再強，也難免勢單力薄。孤膽英雄並不是明智之舉，費時費力，結果也並非如意。這樣做成全的也是你的對手。經商時必須利用各方勢力，必要時「化干戈為玉帛」將使你受益匪淺。

有「巧手大亨」美譽的張果喜是江西果喜實業集團公司董事長兼總經理，他在開拓日本市場時能夠照顧好各方利益，善待盟友和對手，很快便成為日本佛龕市場的「龍頭老大」。

張果喜在日本市場初戰告捷後，就與日商建立了穩固的代理關係，全部佛龕產品都由日商代理經銷。不久新情況出現，隨著張果喜生產的佛龕暢銷日本市場，一些日本商人也想透過經營佛龕獲利。為降低進貨成本，他們繞過代理商直接從張果喜那裡進貨。

面對這種新情況，張果喜進行了慎重考慮。從眼前利益看，銷售商直接訂貨，減少了中間環節，廠方確實可以得到實惠。但從長遠考慮，接受直接訂貨，意味著失去以往花費了很大力氣開闢的銷售管道，會使以往的銷售管道背離自己，走到自己的對立面，得不償失。所以張果喜回絕了那幾家要求直接訂貨的日本零售商，繼續維持與日本代理經銷商的盟友關係。

日本代理商得知此事後，很感動，對張果喜比以往更加信任。他們在推銷宣傳方面加大力度，為張果喜打出了「天下木雕第一家」的招牌。與此同時，張果喜清醒地看到，生產佛龕是一種利潤豐厚的產業，除了他的果喜集團公司，韓國與臺灣製作的產品也非常具有競爭力，日本本土還有很多同類中小企業，如果單靠原有的銷售網路和一兩個合資的株式會社，根本無法與強大的競爭對手抗衡。

張果喜決定擴大「同盟軍」，把一些原先的對立派拉到自己身邊。他與智囊團仔細分析日本各地中小企業，經過多方協調，張果喜於一九九一年成立了「日本佛龕經銷協會」，專門經銷果喜集團的漆器雕刻品，變消極競爭為積極合作。當年立竿見影，他在日本佛龕市場的佔有率達到六成，取得了更大的市場主動權。

這就是張果喜的連橫合縱。擺脫眼前利益和一己之利的束縛，開闊視野，正確處理與盟友、競爭對手之間的關係，化被動為主動，變消極為合理，才能變小錢為大錢。富人之所以富肯定有其獨到的原因。張喜果被稱為改革開放後第一個億萬富翁，他只有初中的教育程度，卻透過自己超強的商業智謀打拼出一片天下。很多時候，一個人的胸懷和眼光決定他能擁有多少財富。假設張喜果貪圖小利，答應那些日本小企業的要求，腰包暫時會鼓，葬送的卻是長遠利益。

張果喜說：「臺上靠智慧，台下靠信譽。」這就是他不捨棄日本代理商的信念，也是他最終能夠聯合各方力量的基礎。

大財富只屬於大智慧的人。目光短淺，直盯眼前利益，不會有長久的財富。一個夢想致富的人，不能與對手保持永遠的競爭關係。世事難料，審時度勢聯合對手，將對立變成合作，就可能在競爭中獲利。

> ☆
>
> 寧可與對手抗爭，也不與其合作爭取潛在利益，受害的終將是自己，這樣的人也不會得到財富的青睞。所以，致富過程中，靈活處理與對手的關係，連橫合縱才會取得成功。

如果有必要就利用一些誘餌

在商務往來中，為了在競爭中取勝。如果有必要的話，不妨利用一些誘餌，當對手吞下香餌之時，他將放棄抵抗，乖乖就範，為你所用。同時，要小心別人為你施放的誘餌，切勿因小利而讓自己成為任人宰割的對象。

漢高祖劉邦在天下大定之後，在一片等待論功行賞的氣氛當中，卻只先分封了二十多名功勞不大的部將。其他在他眼裡說大不大、說小不小的部將，如何分封都還在斟酌考量中。

那些自恃功勞不凡的部將無不伸長脖子，望眼欲穿，而且生怕論功不平、賞賜不公，天天紅著眼珠，大眼瞪小眼，一個個焦慮難安。不僅同僚之間鉤心鬥角，與劉邦之間也衍生出相當緊張的氣氛。

劉邦非常苦惱，於是便喚張良前來，想聽聽他的想法。

張良有些沉重地回答他說：「陛下來自民間，依靠這些人打得天下。過去大家都是平民百姓，平起平坐。現在你成為天子之後，先分封的人大部分都是世交故友，所誅殺的都是關係較疏遠的人，不然就是得罪你、讓你看不順眼的人。這樣下去，難免會有人心生反意。」

劉邦聽了之後，面色凝重，便問張良如果真有這麼嚴重，該怎麼辦？

張良想了一下，便先反問劉邦說：「在這些一起打天下的部將當中，你最討厭的人是誰？這個人不被陛下喜歡的原因，最好又是大家所熟知的事。」

劉邦回答說：「雍齒常常捉弄我，他是我最討厭的人，我想這也是大家早就知道的事情。」

張良馬上提出建議：「那麼，今天就先將雍齒封為王侯。這樣一來，我看就可以解除一些不必要的疑慮，安定大家的心了。」

劉邦採納了張良的建議，立刻宣佈將雍齒封為「什邡侯」。

這件事果然產生了良好的效果。在這些人的心裡看來，連皇帝最討厭的人都有糖吃了，我們還有什麼好擔心的呢？於是，君臣之間的緊張關係自然得到了暫時的緩解。

一個小小的官職讓昔日不滿劉邦的雍齒從此也死心塌地，甘為劉氏天下效犬馬之力。討好一個人容易，控制一個人困難。但從張良這個妙計看來，其實並非如此，只要抓住對方的心理，洞察對方內心的想法和需求，而後討好他；或者在某件事上給予對方一點好處，投下一個誘餌，對方就會從心理上貼近、跟從你，這時你就可以牽制對方的思想，為己所用了。

☆有人說，人都是利益的動物。雖然有失偏頗，但誘餌有時確實能產生神奇的效果。在生意場上，巧施一些誘餌，就能放長線釣大魚，財源滾滾而來。

設立共同目標，迅速拉近距離

在人際交往中，若你與對方有共同的目標，則很容易就能增加彼此之間的親密感。

鎮遠一位很多年沒見的大學同學到附近出差，他叫鎮遠出來聚一聚，鎮遠按照約定地點來到一個飯店，服務生把鎮遠帶進包廂裡，鎮遠看到那位老同學正神采奕奕地等著他。

一番寒暄之後，話題自然是落到了這幾年的發展上。

「你怎麼好好跑去經商了呢，當初你的心理學成績可是最棒的。」鎮遠問他。

他笑眯眯的回答我，「這並不衝突啊，我只不過將心理學的研究放到了商場裡，你知道我是怎麼撈到第一桶金的嗎？」

鎮遠搖搖頭。他開始追溯往昔，剛開始那幾年，雖然賺了點錢，但還算不上很成功，那時，他已經成了公司的經理，手裡有了不少客戶資源。想說幫別人工作不如自己當老闆，便開始計畫利用現任職位上的客戶資源開一家新公司賺筆大錢。

於是他找了兩名以前的手下，共商創業的事。後來他發現他們三個人數太少，很難成功。於是他要他的手下另外再找七個人，組成十個人的創業團隊。他的手下順利地找到了他們所需要的人手。他這時卻發現，他與這七個新夥伴根本就不認識，他們是否值得信任實在是一個大問題。於是他想到了每晚分別與一個新夥伴共進晚餐的好辦法。席間他除了交代各人的職責之外，還鄭重地向他們表示「我也跟你們一樣需要錢！」

結果，由於彼此有了共同的目標，這個計畫最後終於成功了。

鎮遠這位朋友不愧是心理學的高材生，他很懂得運用心理來成事，在他發展的過程中，由於彼此有著共同的目標，因而迅速拉近了彼此之間的距離。

當然了，除了共同目標能夠增強親密感之外，還有其他一些增強親密感的技巧。鎮遠的朋友自然也是將這些技能運用純熟。他提到過一個細節便是，在他邀請這些人吃飯的時候，總是與人肩並肩的談話，這樣就能很快與對方進入熟識的狀態。

「我聽過你的故事，終於明白了李開復為什麼也喜歡請人吃飯了。」鎮遠打趣地對他同學講。

「你不要以為這頓飯很好吃，真是要注意很多細節，才能快速打開對方的心防，社交其實就是一場心理遊戲啊。」鎮遠這位同學不無感慨地說道。

在商界摸爬滾打的人，自然是要熟知心理技巧，才能總是立於不敗之地，好像李開復在訪談中，談到他總喜歡請別人吃飯的道理一樣，李開復必定是社交高手，但同時，他在心理學上的造詣定然也不會在我這位同學之下。

所以，李開復請人吃飯可不僅僅是一種聯誼的社交手段，更多的能表現出在人與人交往之中的心理學妙用之所在。

☆在這裡要提醒的是，若與對方有共同點，就算再細微的也要強調。對於共同點一定要找出來，這樣可以很快地消除彼此間的陌生感，產生親近的感覺。這樣不但可以使對方感到輕鬆，同時也具有使對方說出真心話的作用。

無事也要常登「三寶殿」

人說「無事不登三寶殿」，意思就是登門拜訪必然有事相求。然而，現在商務場上的那些應酬達人，拋棄了這個陳舊的觀念，他們懂得用電話、簡訊或郵件等方式，牢牢抓住商場上的那個「貴人」，費心費力地經營著眾多的黃金人脈。

玉妍是某大學人文學院教務處的一名職員，她與經管系的系主任劉先生關係處得非常好，而據小道消息說經管系系主任很可能年內就會調任教務處處長一職，這樣看玉妍將來的日子會比較好過了。然而世事難料，年底人員調整時，劉先生卻被調去當圖書館館長了。這樣一來，許多原本巴結劉先生的人立刻散得一乾二淨，讓劉先生見識到了什麼叫「世態炎涼，人情淡漠」。

就在這時，玉妍來找劉先生，說道：「劉主任，這沒什麼大不了的，哪天我們一起去逛街散散心吧！」

這正是劉先生最難過的時候，玉妍的出現感動得劉先生真不知道說什麼好。從那以後，玉妍有事沒事就過去找劉先生聊天、逛街。一年半後，該學院的院長調走了，新來的院長把劉先生提拔為主管人事的副院長，不用說玉妍自然也跟著時來運轉，她成了新一任的教務處處長。玉妍是個聰明人，她知道「三十年河東，三十年河西」這個道理，始終沒有放棄她的貴人，也就為自己贏得了更美好的前途。

所有的貴人在成為貴人之前都是一座「冷廟」，平日常去冷廟燒香，在危急之時才能順利抱住「佛腳」，獲得貴人的提攜和幫助。

生活中是如此，利益攸關的商務應酬場上更是如此。先做朋友，後做生意，這才是絕妙的商務應酬法則。只要有時間，就要去拜訪一下那些商場上的朋友，一起坐坐，聊聊天，互通資訊的有無，說不定在這看似細微的言談之間，你就抓住了你絕佳的發展契機。但是，前去拜訪客戶時要格外注意拜訪的一些禮節，以免因小失大，引起客戶的反感。

一、遵時守約

要想做一個受歡迎的客人，首先就要嚴格遵守預約的拜訪時間，切忌遲到，要知道浪費別人的時間等於謀財害命；預約的拜訪不能準時赴約，要提前打電話通知對方，即使責任不在自己，也要表達一定的歉意。

二、妥善處置自帶物品

在進客戶辦公室之前，要先看看鞋上是否帶泥。擦拭之後，先敲門再走進去。雨具、外衣等要放到主人指定的地方。如果主人較自己年長，那麼主人沒坐下，自己不宜先坐下。

三、言行謹慎

在客戶處做客，不能大咧咧地徑直坐到席上，而要等主人力邀才「恭敬不如從命」；等人時，不要左顧右盼；主人奉茶之後，先擱下來，在談話之間啜之最為禮貌。

☆ 無事也登「三寶殿」，其實也是為了將來有事相求，不必吃「閉門羹」。然而，商務拜訪中如果忽視了這些細節，在這些「冷廟」燒上再多的香，也不能在危難之時順利抱住「佛腳」，難以拯救自己的職業命運。

放長線，釣大魚

在生意場上，運用人情效應有預見性地進行感情投資，放長線釣大魚，卻可以起到事半功倍的作用。

日本某電子產品加工企業的老總山本二郎就非常善於使用感情投資，他用這種方法為自己企業的發展贏得了穩定的客戶關係。

由於是一家加工企業，所以他必須長期地承包那些大電器公司的工程才能維持企業的生存。為了贏得穩定的客戶關係，他對這些電器公司的重要人物常施以小恩敏惠。不過他與一般企業家交際方式的不同之處是：不僅奉承公司高層要人，而且對無關緊要的年輕職員也頗為殷勤。

表面看來，山本二郎的做法似乎沒有必要，但誰都知道，山本二郎並非無的放矢。因為在做這些事之前，山本二郎總是想方設法將這些電器公司內部職員的學歷、業績、工作能力以及他們的人際關係，做一次全面的調查和瞭解。透過調查，他認為某個人大有可為，以後會成為公司的要員時，不管他有多年輕，山本二郎都積極與他建立交情。他這樣做的目的，是為日後獲得更多的客戶資源做準備。

如此一來，十個欠他人情債的人當中有九個會給他帶來意想不到的收益。雖然，目前看起來，他做的是「虧本」生意，但日後他會成倍地收回投資。

所以，當他所看中的某位年輕職員晉升時，他便會立即跑去慶祝，贈送禮物，同時還邀請他到高級飯店用餐。一般情況下，年輕人沒有什麼機會出入這些高級的場所，因此，對他的這種盛情款待自然備受感動。他們都會想山本真是個大好人，以後有機會一定要報答他。無形之中，這位年輕人自然就產生了知恩圖報的想法。

正在受寵若驚之時，山本二郎卻說：「我們企業能有今天，完全是靠貴公司的抬舉，因此，我向你這位優秀的職員表示謝意，也是應該的。」他這樣說的用意，是不想讓這位職員產生不必要的心理負擔。

這樣，當有朝一日這些職員晉升至處長、經理等要職時，他們都還記著這位山本二郎的恩惠，自然忘不了報答他這位大恩人。因此在經濟大蕭條時期，許多承包商都倒閉或者破產了，但山本二郎的企業卻仍舊生意興隆，原因就在於他平常就十分注重感情投資。

在這個例子中，山本二郎採用的就是「放長線，釣大魚」的感情投資策略。事實證明這種策略很有效。所以，平常我們應當儘量把眼光放長遠一點，多進行人緣方面的感情投資，即便在短期內這種投資不能獲得收益，總有一天我們得到的回報會成倍地翻滾。

用放長線，釣大魚的方法，去經營商務關係，這和釣魚的道理有點相似。可透過下面的「三部曲」來實現：

第一步、做餌與下鉤

這時候你需要掌握要釣的魚愛吃什麼餌（即要針對的人用什麼能夠激起其欲望）；魚餌是否更能奏效，等等。下鉤要找對合適的「魚塘」（即場合）及合宜的時機。

第二步、守竿

此階段一要有耐心，為人不可急功近利，不要「一下鉤就想見到魚」。二要冷靜，給「魚」一點點「甜頭」還不足以使其上當，也許對方是在試探是否安全。

第三步、收鉤

這是最關鍵的時刻，到嘴邊的肉卻沒吃到的情況大都發生在這個時候。此時務必要深藏不露，一旦稍露崢嶸或過於急促，便會功虧一簣。

只有掌握了上面三點才能釣到「大魚」。

☆老於世故者，定會隨機收放，張弛相宜，吊足對方胃口，讓鉤進嘴更深，釣得更牢。

CHAPTER 8

謀取優勢的談判心理學

熱臉貼冷臉，關係改善並不難

要相信，誰都不想把自己趕到孤家寡人的境地。當別人對你有誤解而冷淡你時，與其自怨自艾，不如耐心等待機會，用熱臉儘快貼上去。

當我們遇到的交際對方是權高位重或引人注目的人物時，遇到的多半是不屑和冷漠。這時，如果我們因為自尊心或嫉妒心而「等價」地對待對方，往往會失去很多可能改善彼此之間關係的機會。

一位剛從師範大學畢業的女學生，碰到的就是這樣一種情況：她充滿對新生活的憧憬，從都市來到偏僻的鄉村學校，卻發現校長和同事們對自己並沒有多大的好感，顯得比較淡漠。她急於想與幾位年齡相仿的女教師打成一片，但她們卻似乎總是迴避她，使她產生了「格格不入」的孤獨感。

對這位女教師，校長或許有這樣的看法：她能捨棄城市的舒適生活到農村來，是有一定事業心的，但城裡女孩總免不了有點嬌氣，怕不一定吃得起苦；她受過正規的教育訓練，基礎知識是可以的，外語說得很標準，不過沒正式上過講臺，教學經驗少，一下子適應不了……他根據自己的種種印象，決定了在初識階段的態度——一般化，不大喜歡，也不厭惡，平平常常，沒有特別的關心和熱情。這態度，與女教師心中期望校長對她的態度差了一大截，所以她特別感到對方的冷淡。

至於那幾位女同事，雖然年齡相仿，但她們與她，無論生活經歷、思想背景、知識教養、愛好情趣、習慣等都有許多明顯的差異，何況她們在長期交往中，已形成一個固定的圈子，所以她們不可能一下子接納她。

在這種情況下，女教師並不灰心。經過努力，終於獲得了校長的好感和同伴的接受。她的做法是：主動接近別人，尋找相互瞭解的機會。透過教學實踐、集體活動等，她儘量使自己符合「新來的女教師」這一角色規範；在日常交往接觸中，她注意真誠、平等對待他人，熱心地幫助有困難的同事，自己有困難時也同樣求助於人；在合適的交談機會中，她又使別人瞭解自己的抱負、心願，用實際行動縮短了她與同事們的心理距離，使他們較全面地瞭解了她，並開始接受她。

俗話說：「朋友的朋友就是自己的朋友。」上面這位女教師正是透過朋友傳達的友好資訊。她首先在那群年輕女教師中建立了較好的人際關係，進而透過她接近其他幾位，很快就進入了這一圈子。這個圈子的同事對她的肯定評價，又影響了其他的同事。

如果說，女教師的方式是屬於「以熱對冷」，而使對方對自己逐漸升溫。在雙方談判中，如果對方對自己印象不佳或產生誤會，應該積極解釋說明情況，表現出自己的誠意，使對方回心轉意，因而營造良好的談判氛圍。

☆ 人際關係的好壞，取決於雙方共同的態度，這在社會心理學上被稱為「相互性原則」，也就是說，人際吸引是相互的，排斥也往往是相互的。真正做事有心機的人，非常懂得用自己的熱臉去貼人家的冷屁股。

不要做你自己無法勝任的事

在雙方談判的場合，談判難免會遇到雙方各不相讓，相互對抗的局面，這時，如果一方做出一種合作的姿態，積極主動化解僵局，才能改善對方在以下談判過程中採取的態度，使合作得以繼續，因而實現共同的長期利益。

有一個叫做「重複博弈」的理論，在人際交往中很有用處。所謂重複博弈，是指同樣結構的博弈重複多次，其中每次博弈成為「階段博弈」、重複博弈是動態博弈中的重要內容，他可以是完全資訊的重複博弈，也可以是不完全資訊的重複博弈。

重複博弈說明，對未來的預期是影響我們行為的重要因素。一種是預期收益：我這樣做，將來有什麼好處；一種是預期風險：我這樣做可能將來面臨問題。這都將影響個人的策略。

重複博弈的理論告訴人們：做事要有長遠的眼光，不要為了眼前利益而放棄長遠利益，這一點在生活中有廣泛的應用。不要做自己無法勝任的事，就是應用之一。

這是因為，做自己無法勝任的事只能給自己帶來別人一時的刮目相看和自我的心理安慰，隨著時間的流逝，自己的弱點和問題會逐漸暴露出來，周圍的人就會對你產生很多不滿甚至蔑視的情緒。

若最終你完不成任務，會讓領導者失望，對自己的長遠發展也會造成不良影響。

美國有家大公司的總會計師，才三十五歲，才華橫溢，收入豐厚，他是在拿到會計學碩士學位後才做到現在職位的。但是，他受到了極大的挫折，憂心忡忡，最後不得不接受心理諮詢。

在心理醫生那兒，他講述了自己的經歷。他在九歲和十七歲時，有過兩次成功的經歷，一次是推銷雜誌，發展到有好幾個朋友幫著他一起推銷；另一次是和別人合作建立了一家印刷廠，他做業務，存下來的錢足以供他上學用了。兩次都是成功的推銷技能幫了他的忙。後來，由於他父親的建議，他在大學開始學會計學，然後他又靠推銷和經營賺來的錢拿到了碩士學位。

從學校畢業，他就被這家大公司錄用，在企業裡一直做到總會計師的位置。可是，他的工作經常被人指責，他碰到了越來越多的工作挫折，常常有人議論他的總會計師工作，另一方面，他總是在一周結束時才感到高興。結果，他的公司、同事對他的工作越來越不滿，他對自己也越來越沒信心。

心理醫生幫助他解開了心結：他並沒有能力當總會計師，因為雖然他獲得了碩士學位，但他的興趣不在此，所以作為公司的一名普通會計人員他還可以勝任，至於總會計師一職則超出了他的能力範圍。諮詢過後，他終於想通了，主動向公司請求辭去總會計師一職，轉到銷售部。這家公司失去了一個名不副實的總會計師，卻得到了一個樂此不疲和富有成效的銷售管理人員。

當他談到這件事情的時候，他說：「永遠也不要做你自己無法勝任的事，那樣做首先是害了你自己，你將變得不快樂並且憂心忡忡，因為你做的都是你所無法完成或最多也只能勉強完成的事；而且你也傷害了信任你、委託你辦事的人，對工作更是一種損失。」

☆「金剛鑽」是做「瓷器活」必需的工具，如果缺乏，就意味著無法完成工作。在你不具備某種能力的情況下，誇下海口，大包大攬，結果只會耽誤了事情，進而影響到你自己的聲譽，別人會覺得其實你根本不行！

向對方發出調整的指令，然後保持沉默

談判中最簡單直接的方式往往更加有效。

在商務談判過程，由於談判雙方各自都是從自身的利益和角度出發，要想改變對方的對立態度和行為，僅靠某種優勢或形成壓力是遠遠不夠的。因為談判是自願平等的，而且談判結果必須是雙方共同接受的。因此，要想使談判取得成功，還必須在掌握談判主動權的同時，採用各種策略和技巧，來說服對方，最後達成交易。

商務談判中有一種「鉗子策略」，這種策略是一種非常有效的談判策略，它的神奇效果一定會讓你大吃一驚。因為在這個策略中，只要你說一句話，告訴對方：「你們必須做得更好」就可以了。

有一家食品加工公司，其客戶主要是一些小超市，但最近與一家超級市場進行業務洽談。超級市場的決策者在電話中仔細聽完食品公司的價格標準後，一再表示他們和現在的供應商相處得很好，可是食品公司的負責人並不急於要求答覆。

過了幾天，超級市場的決策者表示或許可以考慮一下。超級市場方面的人說：「我們真的對現在的供應商十分滿意，不過我想再找一位後備供應商也沒什麼害處，這樣可以讓他們更加努力。如果你能把價格降到每箱一百元，我想我可以先買一卡車。」

這時，食品公司冷靜地告訴對方：「十分抱歉，我想你應該可以給個更好的價錢。」

超級市場方面也不甘示弱，立刻回應道：「到底是什麼價格呢？」本意是想透過這種方式，逼對方說出具體的數字。

但食品公司的負責人一旦聽到這個問題，就把底限價位給報了出來。

食品公司的負責人在這次談判中略輸一局。當超級市場方面說完「到底是什麼價格呢？」這句話之後，他已經達到目的了，於是他什麼也不說了，迫使食品公司方面立刻作出讓步。

通常情況下，在使用鉗子策略時，無論對方是報價還是還價，你只要說一句話就可以了，「對不起，你必須調整一下價格」，然後就閉上嘴巴。美國國務卿亨利．季辛吉就是一個使用鉗子策略的高手。

越南戰爭期間，美國國務卿亨利．季辛吉曾經讓一位副國務卿準備一份關於東南亞政治形勢的報告。那位副國務卿非常認真地完成了自己的工作，拿出了一份讓自己非常自豪的報告。報告內容全面，並對報告做了精心包裝，用皮革做封面，還燙上了金字。

可是結果呢？季辛吉很快把報告打了回來，上面寫道：「你應該做得更好一些。」於是副國務卿又補充修正，搜集了更多資訊，添加了更多表格，然後再次呈交給季辛吉。這次他相信自己的報告應該會讓季辛吉滿意了。可是季辛吉的批覆仍舊是：「你應該做得更好一些。」

這下可麻煩了。副國務卿感覺自己遇到了一個很大的挑戰。他召集手下人員加班工作，決心要呈上一份季辛吉迄今為止見過的最好報告。

當報告最終完成時，他決定親自把報告交到季辛吉手上：「季辛吉先生，這份報告被你否決了兩次。我的全部人馬加班忙了兩個星期。這次可千萬不要再打回來了。我不可能做得更好了，這已經是我的最高水準了。」季辛吉冷靜地把報告放到自己的辦公桌上，說道：「好吧，既然這樣，我會看這份報告的。」

沉默不僅能夠迫使對方讓步，還能最大限度掩飾自己的底牌。你沒弄清對方的意圖前不要輕易地表態。在正常的談判中，對於同一個問題一般總會有兩種解決方案，即你的方案和對方的方案，你的方案是已知的，如果你不清楚對方的方案，則在提出本方的報價後，務必要設法瞭解到對方的方案再做出進一步的行動。

☆世界任何一個買家都不會輕易地丟掉一筆好交易，之所以拒絕你，是因為他們在試圖瞭解你的底牌，所以無論出現何種情況，最好能再堅持一下，這對也許不會造成什麼損失。

「訥者」卻是最傑出的談判家

沉默的力量比想像的更大，談判中適時的沉默能讓你避免不必要的衝突，獲得意料之外的成果。

任何談判都要注意實效，要在有限的時間內解決各自的問題，有些談判者口若懸河、妙語連珠，總能在談判的過程中以絕對優勢壓倒對方，但談判結束後卻發現並沒有得到多少，交易結果令人失望，與談判中氣勢如虹的表現不相匹配，可見在談判中多說無益。

朱熹曾說：「放言易，故欲訥；力行難，故欲敏。」這句話給我們博弈論上的啟示在於：不做言語的巨人，行動的矮子。從歷史來看，言語的訥者，行動的敏者，才是真正的智者。

身為律師的敏惠多年前有一次參加一場不輕鬆的國際談判，最後一天從晚上八九點鐘，一直談到深夜一點鐘，雙方還在談判桌上僵持不下。對方有一個人出言不遜，敏惠想，我們怎麼可以讓他這麼放肆呢？

於是，敏惠馬上回敬一句，同樣略帶諷刺的意味，於是氣氛馬上僵了起來。還好，對方有一個人呼叫說：「大家累了，休息五分鐘吧！」他這一句話，化解了尷尬的場面。

同時，敏惠也立刻驚覺自己犯了兵家大忌，為了逞一時口舌之快，把談判的有利位置拱手讓給了別人。當然，經過了五分鐘的緩衝時間，協定後來很快便達成了。

詩曰：「不智之智，名曰真智。蠢然其容，靈輝內熾。用察為明，古人所忌。學道之士，晦以混世。不巧之巧，名曰極巧。一事無能，萬法俱了。露才揚己，古人所少。學道之士，樸以自保。」在言語博弈的談判桌上，「訥者」有時才是最傑出的談判家。

有這樣一個故事：

某公司裡有一位個性好鬥的女孩子，很多同事在她主動發起攻擊之後，不是辭職就是請調。

一天，她的矛頭指向了一個平日只是默默工作，話並不多的女孩子。誰知那位女孩只是默默地笑著，一句話都沒說，只問一句：「啊？」

最後，好鬥的女孩主動鳴金收兵了，但也已經被氣得滿臉通紅，一句話也說不出來。

過了半年，這位好鬥的女孩子也主動辭職了。

很多人或許都會覺得那個沉默的女孩子修養實在太好了，其實不是這樣，而是那位女孩子聽力不大好，雖然理解別人的話不至於有困難，但總是會慢半拍，而當她仔細聆聽你話語並思索你話語的意思時，臉上會出現無辜、茫然的表情。當那個好鬥的女孩子對她發作那麼久，那麼費力，她回應對方的卻是這種表情和「啊？」的不解的聲音，難怪好鬥的女孩鬥不下去，只好收兵了。

仔細想一下，這個故事可以告訴人們一個事實：面對沉默，所有的語言力量都消失了！在言語博弈中，你可以不去攻擊別人，但保護自己的防衛網一定要有，這種時候有個很好的做法就是：裝聾作啞！

聾啞之人是不會和人起爭鬥的，因為他聽不到也說不出。別人也不會找這種人鬥因為鬥了也是白鬥。他如果還一再挑釁，只會凸顯他的好鬥與無理取鬧，因此面對你的沉默，這種人多半會在幾句話之後就倉皇地且罵且退，離開現場！如果你還裝出一副聽不懂的樣子，那麼更能讓對方敗走！不過大部分人都不聾不啞，一聽到不順耳的話就會回嘴，其實一回嘴就中對方的計了。

☆

世界紛繁複雜，真真假假，看著聰明其實愚蠢至極；看著英俊瀟灑的卻是外強中乾；看著是占盡便宜其實是滿盤皆虧。《老子》中寫道：「大真若屈，大巧若拙，大辯若訥。」最正直的東西好像是彎曲一樣，最靈巧的東西好像是笨拙一樣，最卓越的辯才好像是口訥一樣，所以，要想成為言語博弈中最傑出的談判家，口才只是其中一個要素，內在修為才是最重要的。

讓「沉錨效應」助你成功

事物的第一資訊打下的烙印往往十分深刻，如不辯證地看待，它就像一隻無形的巨手，強有力地影響著我們的思維走向。

沉錨效應說明人們心理中一種常見而有害的現象。成語用「先入為主」來表示這個意思。考慮作一個決定時，大腦會對得到的第一個資訊給予特別的重視。第一印象或資料就像沉入海底的錨一樣，把的思維固定在了某一處。

面對的新情況與固化了的思維方式、行為習慣發生衝突時，自我設限，沒有與時俱進地去適應，而是根據以往的知識、經驗來推論。

聰明的談判者很善於利用這種沉錨效應以達到自己的目的；他們會選擇有利的資料和事實說服對方，讓他們屈服。因此，在談判時，我們不要受對方所設「沉錨」的影響的同時，也學會尋找恰當的時機，為對方設定「沉錨」，使自己處於一個更有利的位置。

商務談判中，雙方都是以自身利益最大化為目標，對於這種追求利益的理性行為，不管是對還是錯，強制都不是最好的方法，在這一過程中，如果能在你的策略中加一點「沉錨效應」，你的勝算也會平添幾分。

沉錨效應，一般又叫錨定效應，是說以一個位置為錨，其變動範圍受這個錨的限制。所以這個錨的位置其實已經大約決定了最後的結果。這一效應常應用在商場或者談判中。

沉錨效應指的是人們在對某人某事做出判斷時，易受第一印象或第一資訊支配，就像沉入海底的錨一樣把人們的思想固定在某處。「沉錨效應」實際上是一種思維定式，遇事不由自主地將認識「錨」在第一資訊上。

一條小街上，有兩家賣粥的小店。我們不妨叫它們甲店和乙店。兩家小店，無論是地理位置、客流量，還是粥的品質、服務水準都差不多。而且從表面看來，兩家的生意也一樣的好。然而，每天晚上結算的時候，甲店總是比乙店要多出幾千元來。為什麼這樣呢？差別只在於服務小姐的一句話。

當客人走進乙店時，服務小姐熱情招待，盛好粥後會問客人：「請問您加不加雞蛋。」有的客人說加，有的客人說不加，大概各占一半。

而當客人走進甲店時，服務小姐同樣會熱情招呼，同樣會禮貌地詢問，但是她們的詢問不是「您加不加雞蛋」，而是「請問您是加一個雞蛋還是兩個雞蛋？」面對這樣的詢問，愛吃雞蛋的客人就要求加兩個，不愛吃的就要求加一個。也有要求不加的，但是很少。因此，一天下來，甲店總會比乙店多賣出一些雞蛋，利潤自然就要高一些。

運用沉錨效應進行有效的引導才是最佳的策略。人們在做決策觀望時，思維往往會被所得到的第一資訊所左右，第一資訊就會像沉入海底的錨一樣把你的地位固定在某處。在乙店中，讓你選擇「加還是不加雞蛋」，在甲店中，「是加一個雞蛋還是加兩個」的問題，這是第一資訊的不同，使你作出的決策就不同。

如果能夠發現這其實也是一種討價還價博弈的話，我們完全可以運用這種「沉錨效應」，用引導的方法去獲得事半功倍的效果。

假如你是一位上司，某個下屬看起來不會工作，接受了任務不知道如何完成，有沒有辦法促使他按你的意圖去做？還有，你主持的團隊老是拖拖拉拉，議而不決，有沒有辦法讓他們早點作出決定？又如，你的孩子要吃巧克力，可是你不願意讓他多吃甜的，有沒有辦法讓他滿足於更有益健康的東西？

如果運用「沉錨效應」，就可以應付上述難題，但前提是必須提供不同的選擇以進行正確的引導。

我們先看明智的上司會怎麼做。你無法掌握日常事務的每一個細節，因而需要下屬幫忙。你想激勵他把項目的一大部分管起來，可是又不想放棄對整個項目的指導，此時你就可以對他說：「你看，我們的工作出現了一些問題，我覺得由你處理比較合適。你看是用甲方法好，還是用乙的方法好？」這裡，誰是上司呢？

下屬會覺得自己是上司。其實，選擇是你提出的，但下屬有了選擇權，就有了做主人的感覺，這種感覺會使他們更熱愛工作、熱愛公司，減少失職的情況。他們雖然責任更重，但是因為有了責任感，覺得自己所選的方案是最好的，因而也就會全力去完成。

> ☆在商務談判中，要想取得優勢，雙方對事物的分析不局限在某一方面，不停留在某一模式，不固守在某一物態，善於追蹤思考，依據獲取的最新資訊，對過去的結論進行重新評估，正確的保留，殘缺的完善，片面的糾正，浮淺的深化，及時跟上情況的發展變化，不斷拓寬和開掘認識的廣度與深度。

打破思維定勢，不做經驗的奴隸

我們身邊的「錨定」成為評定我們個人價值的基準。

沉錨效應在不自覺中常常會被人們應用。比如，我們有時會特別在意和誰在一起做事，我們在公眾場合亮相時，誰和我們在一起。因為所有這一切都會影響到別人對我們的評價。

華盛頓是美國第一任總統，早年有件丟馬的逸事，他就是透過反常的思維，巧妙地找回了自己的馬。事情是這樣的：

有一天，華盛頓的一匹馬被人偷走了。儘管華盛頓知道馬是附近的鄰居偷走的，但苦於沒有證據。華盛頓先去找警察局報案，並說明自己的懷疑。一個員警和他來到那個偷他馬的鄰居的農場，華盛頓果然看到了自己的馬。

可是，鄰居死也不肯承認這匹馬是華盛頓的。華盛頓靈機一動，就用雙手將馬的眼睛捂住說：「如果這馬是你的，你一定知道牠的哪隻眼睛是瞎的。」「右眼。」

鄰居回答。

華盛頓把手從右眼移開，馬的右眼一點問題沒有。「啊，我弄錯了，是左眼。」鄰居糾正道。華盛頓又把左手也移開，馬的左眼也沒什麼毛病。

鄰居還想為自己申辯，員警卻說：「什麼都不用說了，這還不能證明這匹馬不是你的嗎？」

鄰居為什麼被識破？是因為華盛頓利用了沉錨效應，他先使鄰居受一句「牠的哪隻眼睛是瞎的」的暗示，讓其認定「馬有一隻眼睛是瞎的」，致使鄰居猜完了右眼猜左眼，就是想不到馬的眼睛根本沒瞎。

華盛頓真是聰明，他利用沉錨效應為別人設計了一個陷阱，要回了自己的馬。在現實生活中，華盛頓的經驗多被聰明的談判者借鑒。談判時，聰明的談判者們都特別注意在不為對方提議所限的同時，尋找恰當時機，為對方設定「沉錨」，使談判向有利於自己的方向發展，以達到自己的目的。

可是現在實際工作中，人們往往受到「沉錨效應」的影響，陷入別人為我們設定的「沉錨」中，並且一旦做了某種選擇，慣性的力量會使這一選擇不斷自我強化，並在頭腦中形成一個根深蒂固的思維定勢。久而久之，在這種慣性的支配下，甚至會淪為經驗的奴隸。

有一艘遠洋海輪在汪洋大海裡行使，由於天氣惡劣，失去方向，不幸觸礁。幾名倖存下來的水手拼死登上一座小島，才活了下來。但這個小島的情形更加糟糕，除了石頭，還是石頭，沒有任何可以用來充饑的東西。更要命的是，在烈日的暴曬下，每個人口渴得冒煙，水成為決定生命的東西。

儘管四周都是海水，可是水手們都知道海水不能用來解渴的常識。於是他們寄望於有別的船隻路過這裡，並救出他們。可是他們經過漫長的等待，情況並沒有任何變化。老天沒有任何下雨的跡象，也沒有任何船隻經過這個死一般寂靜的島。漸漸地，他們快支撐不下去了。

水手們相繼渴死，當最後一位水手快要渴死的時候，他想反正無論怎麼都是死，不如喝點海水，至少可以暫時解決口乾似火的滋味。於是他撲進海水裡，「嘟咕嘟」地喝了一肚子海水。

喝完海水，他一點兒也感覺不出海水的苦澀味，相反覺得這海水非常甘甜，非常解渴。他想：也許這是自己渴死前的幻覺吧，便靜靜地躺在島上，等著死神的降臨。

然而，他一覺醒來發現自己還活著，奇怪之餘。他依然每天靠喝這島邊的海水度日，終於等來了救援的船隻。後來人們化驗這海水發現，這裡由於有地下泉水的不斷翻湧，所以，海水實際上是可口的泉水。

通常我們都知道，海水是不能飲用的，對此我們已經形成了思維定勢。在這種思維習慣的影響下，故事中的水手根本沒有做任何嘗試就認定那裡的海水是不能喝的。直到他們臨死前都不知道那海水其實是清甜可口的泉水。

在生活中，像水手們寧願渴死也不敢嘗試喝口海水試試的現象並不少見，經驗成了我們判斷事物的唯一標準。隨著知識的累積、經驗的豐富，我們變得越來越循規蹈矩，思維定勢已經成為人類同自己的內心進行博弈時的一大障礙。

> ☆當這種習慣性思維支配我們的日常生活時，似乎有某種「習慣成自然」的便利。但是用僵化和固定的觀點認識外界的事物，對我們是有百害而無一利。在人生博弈中，為了做一個心靈自由的人，我們必須打破慣性思維，不要做經驗的奴隸。

釜底抽薪，直逼要害

談判雙方進行論辯所持的論題，都是由一定的論據支持的，如果將一個論題的根據——論據抽掉，那麼，論題這座大廈就會轟然倒塌，因而直逼對方要害，贏得談判優勢。

鍋裡的水沸騰，是靠火的力量，而柴草則是產生火的原料。止沸的辦法有兩種：一是揚湯止沸；二是釜底抽薪。古人說：「故揚湯止沸，沸乃不止；誠知其本，則去火而已。」

一九六〇年五月，英國陸軍元帥蒙哥馬利應邀到中國參觀訪問。一天晚飯後，陪同人員和蒙哥馬利到街上散步。當走到一家劇場門外時，他突然向裡頭走去，陪同人員也跟著進去。劇場正上演著著名京劇《穆桂英掛帥》。陪同人員立即與劇場聯繫，給蒙哥馬利安排了座位，並由翻譯介紹劇情和唱詞。

中間休息時，他離開了劇場，邊走邊向陪同人員說：「這齣戲不好，怎麼能讓女人當元帥？」

陪同人員熊向暉解釋道：「這是中國的民間傳奇，群眾很愛看。」

蒙哥馬利說：「愛看女人當元帥的男人不是真正的男人，愛看女人當元帥的女人不是真正的女人。」

熊向暉立即反駁說：「英國的女王也是女的。按照你們的體制，女王是英國國家元首和全國軍隊的總司令。」

蒙哥馬利一怔，不吭聲了。

在許多情況下，僅憑口頭議論難以弄清楚的問題，借助一些具體的動作行為，就可以明辨真假。這是因為動作行為具有強烈的直觀性，它的真假當場就可以驗證，具有不容置疑的雄辯力量。

我們有時可能直接指出對方論據的虛假，但當情況還不明朗時，我們可以創造條件，戳穿對方虛假的論據。其要領是以某種動作行為為論據，同時輔以一定的語言敘述進行論證。

有一天，李老頭家丟了一頭六十多斤的豬，懷疑是鄰村一個叫矮冬瓜的人偷的，於是官司打到縣衙。聽過原告申訴，知縣問被告是否屬實。

矮冬瓜說：「豬走得慢，偷豬人怕被發現，是不敢在地上趕豬走的，所以他們偷時，總是將豬背在肩上。你看小人瘦骨嶙峋，手無縛雞之力，如何背得動這頭肥豬呢？」

知縣打量了他一會兒，說：「確實如此，我聽說你向來清白無辜，又可憐你家貧困，這樣吧，現在賞你一萬錢，回家好好做點小本生意，切莫辜負我的一片苦心。」

矮冬瓜得錢，連連磕頭謝恩，把錢理好後，就俐落地套在肩上，轉身要走。

知縣喝道：「慢！被告，這一萬錢不止六十斤吧？」

矮冬瓜一愣，掂了掂說：「嗯，差不多。」

知縣冷笑道：「你既說自己手無縛雞之力，怎麼如此重的錢像沒什麼分量似的背上就走？可見那六十斤重的豬你也是背得動的。」

矮冬瓜無法抵賴，只好招供了自己的罪行。

☆

無論在談判桌上還是在辯論台前，都會碰到咄咄逼人或是氣勢洶洶的對手，其語言攻勢如同鍋中熱水，往往達到了沸沸揚揚的程度。面對這種情況，舌戰的當務之急就是抑制對方逐漸高漲的氣勢，而抑制的最佳方法就是抽去「鍋下的柴火」，從根本上解決問題。

單刀直入，開門見山

在充分研究資料、掌握對方情況的前提下，抓住要害、單刀直入、開門見山，一開始就接觸問題的實質，趁敵方未加防範時，使對手失去平衡，以奪取論戰中的精神優勢，獲得先機之利。

辯論中另一種比較常用的策略是單刀直入。這主要是在面對特殊的話題或特殊的對手，使自己難以組織理性的攻擊時而採用的一種較為簡便但又能懾服對手的一種辯論戰術。

開門見山式的辯詞通常是雄辯者在事先準備好的。在參辯之前，對辯論的題目乃至對對手的實力進行理性的分析後，制定一兩句能讓對方閃躲不及又必須正視的辯詞來應對，以此攪亂對方的正常心態，使之在昏亂中做出對其不利的反應。

戰國時，齊國的孟嘗君主張合縱抗秦，他們的門客公孫弘對孟嘗君說：「您不妨派人到西方觀察一下秦王。如果秦王是個具有帝王之姿的君主，您恐怕連做屬臣都不可能，哪裡顧得上跟秦國作對呢？如果秦王是個不肖的君主，那時您再合縱跟秦作對也不算晚。」

孟嘗君說：「好，那就請您去一趟。」公孫弘便帶著十輛車前往秦國去看動靜。秦昭王聽說此事，想用言辭羞辱公孫弘。

公孫弘拜見昭王，昭王問：「薛這個地方有多大？」

公孫弘回答說：「方圓百里。」

昭王笑道：「我的國家土地縱橫數千里，還不敢與人為敵。如今孟嘗君就這麼點地盤，居然想同我對抗，這能行嗎？」

公孫弘說：「孟嘗君喜歡賢人，而您卻不喜歡賢人。」

昭王問：「孟嘗君喜歡賢人，怎麼講？」

公孫弘說：「能堅持正義，在天子面前不屈服，不討好諸侯，得志時不愧於為人主，不得志時不甘為人臣，像這樣的士，孟嘗君那裡有三位。善於治國，可以做管仲、商鞅的老師，其主張如果被聽從施行，就能使君主成就王霸之業，像這樣的士，孟嘗君那裡有五位。充任使者，遭到對方擁有萬輛兵車君主的侮辱，像我這樣敢於用自己的鮮血濺灑對方的衣服的，孟嘗君那裡有十位。」

秦國國君昭王笑著道歉說：「您何必如此呢？我對孟嘗君是很友好的，並準備以貴客之禮接待他，希望您一定要向他說明我的心意。」

公孫弘答應著回國了。

有的時候，一言就能定輸贏，緊緊抓住要點，一針見血，給人一種簡潔、幹練的感覺，冗長的客套話往往會引起對方反感。

因此，一般情況下，開門見山的發問，是最好的方式。這種發問方式對被問者來說是不好對付的。正由於此，被問者在慌亂中往往會出現詞不達意或越答越錯的現象，這樣，發問者便可輕而易舉地將對手擊敗了。

現實生活中，開門見山的表達方法，可以說明自己的信心、信念和不可動搖的意願，並以一定的口吻促使對方改變原來的主意，不再猶豫，不再因考慮細小枝節而對關鍵性的問題而和你抗衡。

☆ 開門見山戰術在辯場上常以發問形式出現。如果對方避而不答，可追問他們不答覆的理由。若答覆不能自圓其說，或其所說不利於發問者，因發問者早有準備，胸有成竹，可立即進行辯駁。

下達「最後通牒」，讓他不得不屈服

在談判中，有些談判者擺出架子準備進行艱難的拉鋸戰，而且他們也完全拋開了談判的截止期。此時，你的最佳防守兼進攻策略就是出其不意，發出最後通牒。

這一策略的主要內容是，在談判桌上給對方一個突然襲擊，改變態度，使對手在毫無準備且無法預料的形勢下不知所措。

對方本來認為時間很寬裕，但突然聽到一個要終止談判的最後期限，而這個談判成功與否又與自己關係重大，不可能不感到手足無措。由於他們很可能在資料、條件、精力、思想、時間上都沒有充分準備，在經濟利益和時間限制的雙重壓力下，會不得不屈服，在協議上簽字。

美國汽車王亞科卡在接管瀕臨倒閉的克萊斯勒公司後，覺得第一步必須先壓低工人工資。他首先降低了高級職員的工資百分之十，自己也從年薪三十六萬美元減為十萬美元。

隨後他對工會領導人講：「十七元一小時的工作有的是，二十元一小時的工作一件也沒有。」這種強制威嚇且毫無策略的話語當然不會奏效，工會當即拒絕了他的要求。雙方僵持了一年，始終沒有進展。

後來亞科卡心生一計，一日他突然對工會代表們說：「你們這種間斷性罷工，使公司無法正常運轉。我已跟勞工輸出中心通過電話，如果明天上午八點你們還未開工的話，將會有一批人頂替你們的工作。」

工會談判代表一下傻眼了，他們本想透過再次談判，因而在工薪問題上取得新的進展，因此他們也只在這方面做了資料和思想上的準備。沒料到，亞科卡竟會來這麼一招！被解聘，意味著他們將失業，這可不是鬧著玩的。工會經過短暫的討論之後，基本上完全接受了亞科卡的要求。

亞科卡經過一年曠日持久的拖延戰都未打贏工會，而出其不意的一招竟然奏效了，而且解決得乾淨俐落。

所謂「最後通牒」，常常是在談判雙方爭執不下、陷入僵持階段，對方不願屈服以接受交易條件時所採用的一種策略。

美國底特律汽車製造公司與德國談判汽車生意時，就是運用了最後通牒策略而達到了談判目標。當時，由於雙方意見不一致，談判近一個多月沒有結果，同時，別國的訂貨單又源源不斷。

這時，美國底特律汽車製造公司總經理下了最後通牒，他說：「如果你還遲遲不下定決心的話，五天之後就沒有這批貨了。」

眼看所需之物搶購殆盡，德方不由得焦急起來，立刻就接受了談判條件，於是，一場持久的談判才告結束。美國這家公司使用的就是最後通牒法，迫使對方最後屈服。

可見，在某些關鍵時刻，最後通牒法還是大有裨益的。但是，該方法並非屢試不爽，一旦被對方識破機關，最後通牒的威力可能會反作用到自己身上來。所以，發「通牒」一定要注意一些語言上的技巧，要把話說到點子上。

一、提出時間限制時，時間一定要明確、具體。在關鍵時刻，不可說：「明天上午」或「後天下午」之類的話，而應是「明天上午八點鐘」或「後天晚上九點鐘」等更具體的時間。這樣的話會使對方有一種時間逼近的感覺，使之沒有心存僥倖的餘地。

二、出其不意，提出最後期限，要求談判者時必須語氣堅定，不容通融。運用此道，在談判中首先要語氣舒緩，不露聲色，在提出最後通牒時要語氣堅定，不可使用模棱兩可的話語，使對方存有希望，以致不願簽約。因為談判者一旦對未來存有希望，想像將來可能會給自己帶來更大的利益時，就不肯最後簽約。故而，堅定有力、不容通融的語氣會替他們下定最後的決心。

> ☆最後通牒本身就具有很強的攻擊性，如果談判者再言辭激烈，極度傷害了對方的感情，對方很可能由於一時衝動鋌而走險，一下子退出談判，這對雙方均不利。

「最後期限」也是一種最後通牒

事實證明，如果一方根據談判內容提出了最後期限，另一方就必須考慮是否準備放棄機會，犧牲前面已投入的巨大談判成本。

眾所周知，談判都是有一定期限的。失敗的談判，到了期限的最後一天仍不能簽約。而成功的談判，最遲要在期限的最後一天簽約，其中，有些精明的談判者，還可以促成談判提早簽約。

很多人都想知道那些精明的談判者是如何做到提前簽約的。他們有一個最常用的手段，就是在談判就要結束並即將達成協議時，在「最後期限」上動動腦筋。

談判雙方在簽訂協定後即可以運作，雙方何時交易，要有個最後的期限。這對於買賣雙方，既是一種保障，也是一種制約。

在購買房屋談判中，向買主交付房屋使用權的最後期限，對買方起保障作用，對賣方起限制作用。而買主向賣主付款的最後期限，對賣方起保障作用，對買方起限制作用。最後期限一到，你就必須做出最後的決定。如果你對完成此項工作的日期估計有誤，在最後期限之前不能完成交易的話，就要再次與對方談判，要求放寬期限，如果對方拒絕修改協議的話，你也只好承擔責任。

有一家出版公司，在美國好萊塢推出的電影《鐵達尼號》走紅時，準備做一本電影畫冊，各地較大的書商聽說此資訊後紛紛與公司聯繫，爭取取得當地獨家發行權。各地承銷此畫冊的書商為避免承擔風險，紛紛與公司簽約，要求到貨的最後期限為二十天。

出乎他的意料的是，這本畫冊才印了一部分機器就壞了。待機器修好後，工廠員工連夜加班，最後期限到了，書也印出來了。但是，最後期限不僅僅是將書印出來，而是把貨運到經銷商手裡。各地書商得知此資訊後，有的要求減少包銷冊數、降低折扣，有的乾脆宣佈此協議已屬無效。

《鐵達尼號》畢竟是好萊塢製作出的又一個愛情故事，人們只能為它瘋狂一陣。而當時出版公司沒有預測到印刷廠會出現問題，公司與印刷廠只是口頭上說幾天出版成品，並未簽約，儘管這家出版公司費了很大勁，最後還是賠了一大筆錢。

就這件事本身而言，該出版公司因最後期限的制約而賠了一筆錢，而各地的承銷商的利益卻因最後期限的保障作用而未受到影響。

最後期限還有督促的作用。最後期限到了，你不得不做出決定。如果你選擇了這個期限，你就要在期限之前完成交易；如果你違約了，後果就由不得你假設了。

當然，就談判的最後期限而言，它也是可以靈活變動的。有的期限說一是一；有的具有彈性，可以商量。因為，對於不少行業的談判而言，最後期限只是為了盡可能督促對方，並不是存心懲罰對方。因而，你在協議上簽字之前，一定要搞清楚雙方所定的最後期限是否還有「活動」空間。不過，事情隨時都有可能發生變化，你在簽訂某一協定時，最好別讓最後期限成為自己的枷鎖。

一般來說，談判者使用最後通牒策略，總希望能夠成功，其成功必須具備以下四個條件：

一、送給對方最後通牒的方式和時間要恰當

一般是在送出最後通牒前，想方設法讓對方在你身上先做些投資。例如，先在其他次要問題上達成協議，在時間、精力等方面讓對方有所消耗，等到對方的「投資」達到一定程度時，即可拋出最後通牒，使得對方難以抽身。

二、送給對方最後通牒的言辭要委婉

既要達到目的，又不至於鋒芒太露。言辭太鋒利的最後通牒容易傷害對方的自尊心，因此多半是自討苦吃。

例如：「就是這個價錢，不然沒什麼可談的了！」「接受這個條件，否則到此為止！」而言辭委婉的最後通牒效果要好一些。

例如，「貴方的道理完全正確，只可惜我們只能出這個價錢，能否再融通一下。」這種留有餘地的最後通牒，替對方留下退路，易於被對方所接受。

三、拿出一些令人信服的證據，讓事實說話

如果能替己方的觀點拿出資料或道理來支持，那就是最聰明的最後通牒了。例如，「你的要求提得並不過分，我非常理解，只是我方的財務制度不允許。」

四、送給對方的最後通牒內容應有彈性

最後通牒不要將對方逼上梁山，別無他路可走，應該設法讓對方在己方的最後通牒中選擇出一條路，至少在對方看來是兩害相權取其輕。

> ☆
> 在商務談判中，讓對方放棄原來的條件與立場，是需要時間的。因此，談判者送出最後通牒後，還要給對方留有考慮的時間，以便讓對方有考慮的餘地。這樣，可使對方的敵意減輕，不至於弄巧成拙。

贏家 37

全方位人際交往心理學

編　　著　楊世宇
出 版 者　大拓文化事業有限公司
執行編輯　林秀如
封面設計　林鈺恆
內文排版　姚恩涵

總 經 銷　永續圖書有限公司
劃撥帳號　18669219
地　　址　22103 新北市汐止區大同路三段一九十四號九樓之一
TEL (〇二)八六四七—三六六三
FAX (〇二)八六四七—三六六〇
E-mail yungjiuh@ms45.hinet.net
網　址 www.foreverbooks.com.tw
法律顧問　方圓法律事務所　涂成樞律師

出 版 日◇二〇二〇年十二月

國家圖書館出版品預行編目資料

全方位人際交往心理學 / 楊世宇編著. -- 初版.
-- 新北市 : 大拓文化, 民109.12
面；　公分. -- (贏家；37)
ISBN 978-986-411-127-5(平裝)
1.人際關係
177.3　　　　109015869

謝謝您購買 **全方位人際交往心理學** 這本書！

即日起，詳細填寫本卡各欄，對折免貼郵票寄回，我們每月將抽出一百名回函讀者寄出精美禮物，並享有生日當月購書優惠！

想知道更多更即時的消息，歡迎加入"永續圖書粉絲團"

您也可以利用以下傳真或是掃描圖檔寄回本公司信箱，謝謝。

傳真電話：（02）8647-3660　　　信箱：yungjiuh@ms45.hinet.net

☺ 姓名：＿＿＿＿＿＿　□男　□女　　□單身　□已婚

☺ 生日：＿＿＿＿＿＿　□非會員　　□已是會員

☺ E-Mail：＿＿＿＿＿＿　電話：（　）＿＿＿＿

☺ 地址：＿＿＿＿＿＿＿＿＿＿＿＿

☺ 學歷：□高中及以下　□專科或大學　□研究所以上　□其他＿＿＿＿

☺ 職業：□學生　□資訊　□製造　□行銷　□服務　□金融

□傳播　□公教　□軍警　□自由　□家管　□其他＿＿＿＿

☺ 您購買此書的原因：□書名　□作者　□內容　□封面　□其他＿＿＿＿

☺ 您購買此書地點：＿＿＿＿＿＿　金額：＿＿＿＿

☺ 建議改進：□內容　□封面　□版面設計　□其他＿＿＿＿

您的建議：＿＿＿＿＿＿＿＿＿＿＿＿

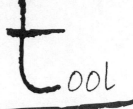